한권 한달 완성
러시아어 말하기
Lv. 2

한권 한달 완성
러시아어 말하기 Lv. 2

초판 1쇄 발행 2025년 2월 6일

지은이 최수진
펴낸곳 (주)에스제이더블유인터내셔널
펴낸이 양홍걸 이시원

홈페이지 www.siwonschool.com
주소 서울시 영등포구 영신로 166 시원스쿨
교재 구입 문의 02)2014-8151
고객센터 02)6409-0878

ISBN 979-11-6150-944-0 13790
Number 1-541111-26269921-09

한권 한달 완성
러시아어 말하기 Lv. 2

최수진(Masha) 지음

SIWON
SCHOOL
RUSSIAN

S 시원스쿨닷컴

Добро́ пожа́ловать, дороги́е друзья́!
환영합니다, 여러분!

러시아어를 시작하시는 여러분, 많이 기다리셨죠? 기초 러시아어 NO.1 마샤샘과 함께 하는 <한권 한달 완성 러시아어 말하기> 시리즈가 드디어 출간되었습니다! 앞으로 여러분들은 본 교재로 학습하면서 러시아어로 말문을 틀 수 있는 기적을 맛보게 될 겁니다.

누군가는 러시아 여행을 떠나기 위해, 또 누군가는 학업이나 업무에 도움이 되기 위하여, 아니면 그야말로 신기하고 멋져 보이는 러시아어 그 자체에 빠져 러시아어를 배우기도 합니다. 하지만 각자 자기만의 목적 달성을 위해 야심 차게 러시아어 공부를 시작하지만, 기대와 달리 생각보다 빨리 포기해버리는 경우가 적지 않습니다.

오랜 시간 동안 러시아어 교육현장에 몸 담고 있는 한 사람으로서 아직까지도 러시아어라고 하면 배우기 어려운 언어라고만 여겨지는 현실이 매우 안타깝습니다. 아마도 생소한 발음, 복잡해 보이는 문법 체계, 어떻게 읽어야 할지 엄두조차 내지 못하는 키릴 문자를 보고 많은 분들이 러시아어를 포기하는 것 같습니다. 그래서 저는 <한권 한달 완성 러시아어 말하기> 시리즈를 접하는 모든 학습자들이 더 이상은 러시아어가 어렵지 않고, '이렇게 쉽고 재미있는 언어인 줄 몰랐네!' 라고 느낄 수 있도록 최대한 학습자의 눈높이에 맞추어 본 교재를 집필하였습니다.

여러분이 이 교재로 학습을 한다면 일단 러시아어 기초 학습에 꼭 필요한 어휘와 핵심 표현을 여러 번 반복하면서 자연스럽게 익힐 수 있습니다. 실제 회화에서 활용할 수 있게 실전 회화문을 탄탄하게 구성하였고, 원어민 MP3 파일을 계속 듣고 따라 하면서 연습하다보면 자연스럽게 억양을 살려 말하게 됩니다.

그리고 제가 교재를 집필하면서 특별히 신경을 썼던 부분은 한 과에서 배우는 양은 기초 단계 학습자들이 부담을 느끼지 않을 만큼만 다루려고 한 점입니다. 또한 모든 공부가 그러하겠지만, 특히 외국어 말하기 실력은 끊임없는 반복 학습을 통해 키워진다고 볼 수 있습니다. 그래서 중간중간에 오로지 복습만 하는 내용을 따로 구성하였고, 실전 테스트를 통해 지금까지 배운 내용을 다시 되짚어 보며 온전히 자신의 것으로 만들 수 있도록 구성했습니다.

러시아어 속담 중에 《Глаза́ боя́тся, а ру́ки де́лают(눈은 무서워하지만 손은 일을 한다).》 라는 말이 있습니다. 두렵거나 어려운 상황에서도, 용기를 내어 직접 행동으로 보여주면 원하는 바를 얻을 수 있다는 뜻입니다. 지금까지 러시아어가 어렵다고 느끼거나 포기하신 분들이 있다면, 다시 도전해보세요! 마샤샘이 쉽고 재미있는 러시아어 세계로 빠져들 수 있게 도와드리겠습니다.

아무쪼록 본 교재가 러시아어를 공부하시는 모든 분들에게 좋은 길잡이가 되기를 바랍니다.

저자 마샤샘(최수진)

이 책의 구성과 특징

오늘의 주제

해당 ypoк에서 배우게 될 내용을 먼저 확인하면서 러시아어 학습을 준비해 볼까요? 각 ypoк에서 반드시 기억해야 할 표현들도 오늘의 미션에서 먼저 확인해 보세요.

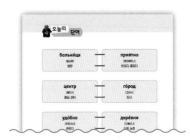

오늘의 단어

왕초보 단계에서 꼭 알아야 할 단어들을 먼저 배워 보세요. MP3를 들으며 각 단어의 발음을 정확히 익힌 뒤, 큰 소리로 여러 번 따라 읽으며 자연스럽게 입에 익혀 보세요.

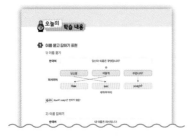

오늘의 학습 내용

러시아어 문법, 어렵지 않아요! 각 ypoк에서는 보기 쉽게 정리된 표와 다양한 응용 예문으로 필수 문법을 익힐 수 있어요. 추가적으로 알아 두면 유용한 내용은 마샤쌤의 꿀팁 한 스푼에서 짚어 드려요.

오늘의 핵심 표현

기초 회화 실력을 쌓을 수 있는 대화문으로 각 ypoк의 핵심 문장을 연습해 보세요. 그리고 핵심 포인트에서 마샤쌤이 알려주는 러시아어 회화 팁도 확인해 보고, 미션 클리어에서 해당 과의 미션 문장도 잊지 말고 꼭 체크하세요!

오늘의 실전 회화

여러분의 회화 실력을 높일 수 있도록 урок의 주요 문형으로
실전 회화문을 구성하였습니다. 네이티브 성우가 녹음한 MP3
를 듣고, 자연스러운 회화 톤을 살려 말하는 연습을 해 보세요.
그리고 러시아어 실력을 높일 수 있는 다양한 보너스 표현도
놓치지 마세요!

오늘의 연습문제

각 урок에서 다룬 핵심 어휘와 문형에 대한 이해도를 점검하
는 연습문제를 제공합니다. 제시된 문제에 적절한 답을 적어
보면서 스스로 얼마나 완벽하게 학습 내용을 이해했는지 확인
해 보세요.

쉬어가기

러시아의 여러 가지 문화를 접하고, 여행 팁도 얻을 수 있는 코
너입니다. 그리고 여러분의 러시아어 수준을 한층 높여줄 추가
어휘와 다양한 퀴즈까지 제공하니, 재미와 실력을 동시에 챙겨
보세요.

원어민 성우
무료 MP3 파일

원어민 성우의 정확한 발음을 듣
고 따라하며 본 교재의 내용을 반
복 연습할 수 있도록 무료 MP3
파일을 제공합니다.

미션 문장 쓰기 노트,
필수 동사 변화표

본 교재에서 다룬 미션 문장과 필
수 동사 변화표를 PDF로 제공합
니다. 배운 내용을 PDF로 복습하
면서 실력을 다져보세요.

저자 직강
동영상 강의

독학을 위한 저자 유료 동영상 강
의를 제공합니다. 동영상 강의는
russia.siwonschool.com
에서 확인하세요.

차례

Урок 01

Меня зовут Маша.

내 이름은 마샤야.

오늘의 주제

· 이름 묻고 답하기
· 이유 묻고 답하기 (의문사 '왜')

오늘의 미션

☑ 너는 그의 이름이 뭔지 알고 있니?
☑ 응, 알아. 그는 이반이야.

MP3 바로 듣기

 **오늘의**  **단어**

больни́ца

[발니짜]

병원

прия́тно

[쁘리야뜨나]

반갑다, 즐겁다

центр

[쩬뜨르]

중심, 센터

го́род

[고라뜨]

도시

удо́бно

[우도브나]

편하다

дере́вня

[지례브냐]

시골, 농촌

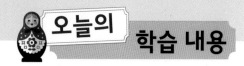

1 이름 묻고 답하기 표현

1) 이름 묻기

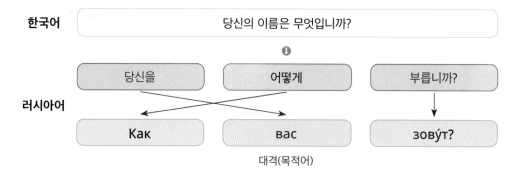

한국어	당신의 이름은 무엇입니까?

러시아어

당신을	어떻게	부릅니까?
Как	вас	зовýт?

대격(목적어)

⭐주의 Как와 зовýт은 변하지 않음!

2) 이름 답하기

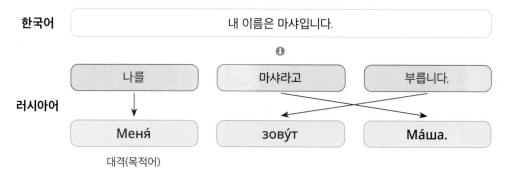

한국어	내 이름은 마샤입니다.

러시아어

나를	마샤라고	부릅니다.
Меня́	зовýт	Мáша.

대격(목적어)

마샤쌤의 꿀팁 한 스푼

이름을 묻고 답하는 문장에는 주어 역할인 '사람들(лю́ди)'이 생략되어 있습니다. 보통 누군가의 이름은 불특정 다수인 다른 사람들이 부르기 때문에, 굳이 문장에서 언급하지 않고 '부르다(звать)' 동사의 3인칭 형태인 'зовýт'으로만 표현합니다.

3) 이름 묻고 답하기 예문

Как тебя́ зову́т?   너의 이름은 뭐니?

Меня́ зову́т Са́ша.   내 이름은 싸샤(Са́ша)야.

Как его́ зову́т?   그의 이름은 뭐니?

Её зову́т Ви́ка?   그녀의 이름은 비까(Ви́ка)야?

❷ 이유 묻고 답하기 표현

почему́ 왜	потому́ что 왜냐하면
- 이유나 원인을 묻는 의문사 - 영어의 why와 유사	- 이유나 원인을 설명해주는 접속사 - 영어의 because와 유사

Почему́ вы живёте в Коре́е?   왜 당신은 한국에 사나요?

Потому́ что я рабо́таю в Коре́е.   왜냐하면 나는 한국에서 일하기 때문이다.

Почему́ ты всегда́ в больни́це?   왜 너는 항상 병원에 있니?

Потому́ что я врач.   왜냐하면 나는 의사이기 때문이야.

---

❶참고 인칭대명사 대격 (~을, 를)

나를	меня́	우리를	нас
너를	тебя́	너희를/당신(들)을	вас
그를/그녀를	его́/её	그들을	их

Здра́вствуйте! Как вас зову́т?

안녕하세요! 당신의 이름은 무엇입니까?

Меня́ зову́т Ната́ша. О́чень прия́тно!

제 이름은 나타샤입니다. 만나서 반가워요!

핵심 포인트

✔ 누군가와 처음 인사 나눌 때, 만나서 반갑다고 하는 상대방의 말에 '(Мне) то́же прия́тно! (저도 반가워요)'라고 답변하면 됩니다.

미션 클리어

☆ 너는 그의 이름이 뭔지 알고 있니?
Ты зна́ешь, как его́ зову́т?

☆ 응, 알아. 그는 이반이야.
Да, зна́ю. Его́ (зову́т) Ива́н.

오늘의 실전 회화

Я живу́ в це́нтре го́рода.

나는 시내에 살아.

Почему́ ты живёшь в го́роде?

너는 왜 도시에 살고 있니?

Потому́ что о́чень удо́бно.

А где ты живёшь?

왜냐하면 매우 편하기 때문이야. 그럼 너는 어디에 사니?

Я живу́ в дере́вне.

나는 시골에 살아.

추가 단어

це́нтр го́рода 도심, 시내

보너스 표현

월요일

понеде́льник

오늘의 연습문제

1 괄호 안에 있는 인칭대명사를 적절하게 바꿔 보세요.

➊ **A :** Как_____ [ты] зовýт?　　　　　(너의 이름은 뭐야?)

　　B : _____ [я] зовýт Максѝм.　　　(내 이름은 막심이야.)

➋ **A :** Как _____ [вы] зовýт?　　　　(너희 이름은 뭐니?)

　　B : _____ [мы] зовýт Лѐна и Сергѐй.　(우리는 레나와 세르게이야.)

2 다음 각 문장에서 <u>틀린</u> 부분을 찾아 고쳐 보세요.

➊ Он зовýт Антóн.　　　　　(그의 이름은 안톤이다.)

▶ _____

➋ Что её зовýт?　　　　　(그녀의 이름은 무엇인가요?)

▶ _____

정답 p.260

바이칼 호수의 심장, 이르쿠츠크

바이칼 호수Озеро Байкал는 이르쿠츠크에서 약 70km 떨어져 있으며, 세계에서 가장 깊고 오래된 담수호로 유명해요. '시베리아의 푸른 눈'이라고 불리는 이 호수는 맑고 투명한 물로, 여름에는 수영과 카약, 겨울에는 얼음 낚시와 스케이트를 즐길 수 있어 사계절 내내 다양한 액티비티를 제공해요.

시베리아의 아름다운 도시 이르쿠츠크Иркутск는 바이칼 호수와 함께 러시아 동부를 대표하는 여행지 중 하나예요. 이 도시는 19세기 시베리아 탐험가들과 상인들의 교차로였으며, 그 당시의 유럽풍 건축물들과 고풍스러운 목조 가옥들이 여전히 도시 곳곳에 남아 있어요. 이르쿠츠크는 바이칼 호수를 탐험하는 여행자들에게 꼭 거쳐야 하는 관문으로, 도시 자체도 다양한 볼거리와 매력을 자랑해요.

이르쿠츠크를 방문하면 가장 먼저 추천하고 싶은 곳은 키로프 광장Площадь Кирова입니다. 이 광장은 도시의 중심부에 위치하고 있으며, 주말에는 현지인들과 관광객들로 붐비는 활기찬 장소예요. 주변에는 이르쿠츠크의 역사적 건축물들이 모여 있어, 도보로 도시의 역사와 문화를 느끼기에 좋습니다.

또한, 이르쿠츠크에서 가장 유명한 랜드마크 중 하나는 에피파니 성당Богоявленский собор으로, 화려한 외관과 섬세한 장식이 돋보이는 러시아 정교회의 대표적인 건축물이에요. 이 성당은 1693년에 건축되었으며, 지금도 많은 사람들이 방문하여 그 장엄한 아름다움을 감상하고 있답니다.

이르쿠츠크를 방문하는 여행자라면 놓쳐서는 안 될 또 다른 명소는 바로 130 지구130-й квартал입니다. 이곳은 전통적인 시베리아 목조 가옥들을 현대적으로 재개발하여 다양한 레스토랑, 카페, 기념품 가게들이 들어선 관광지로, 이르쿠츠크의 과거와 현재를 동시에 느낄 수 있는 곳이에요.

이르쿠츠크 여행 TIP

리스트뱐카Листвянка는 바이칼 호수에서 가장 가까운 작은 마을로, 이르쿠츠크에서 64km 정도 떨어져 있어요. 맛있는 오물Омуль 생선 요리를 맛보면서 호수의 경치를 즐기기에 좋답니다.

Урок 02

Почему́ ты позвони́л мне вчера́?

어제 나한테 왜 전화했어?

오늘의 주제
· · · · · · · ·

- 2식 동사 '전화하다', '선물하다'
- 인칭대명사 여격 변화

오늘의 미션
· · · · · · · ·

☑ 이반은 밤에 가끔 내게 전화한다.

☑ 너는 지금 그녀에게 전화하고 있니?

MP3 바로 듣기

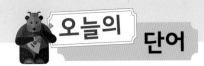

цветы́ [쯔볘띠] 꽃	**духи́** [두히] 향수

роди́тели [라지쩰리] 부모님	**прекра́сно** [쁘리끄라쓰나] 아주 잘

ма́ленький [말롄끼] 작은, 어린	**ещё** [이쇼] 아직, 또한

1 인칭대명사 여격 변화

여격은 '~에게, ~한테'로 해석되는 간접 목적어 역할로서 '수여격'이라고도 불립니다.

주격	생격	여격	대격	조격	전치격
~은, 는, 이, 가	~의	~에게	~을, 를	~로서	~에서

여격 : ~에게, ~한테

인칭대명사 여격 (~에게, ~한테)

나에게	мне	우리에게	нам
너에게	тебе́	너희에게/당신에게	вам
그에게/그녀에게	ему́ / ей	그들에게	им

Вы говори́те мне?   당신은 나에게 말하고 있나요?

Мы говори́м тебе́.   우리는 너에게 말하고 있다.

Ма́ма чита́ет нам кни́гу.   엄마는 우리에게 책을 읽어 주신다.

마샤쌤의 꿀팁 한 스푼

동사 чита́ть(읽다)는 목적어 역할의 대격만 올 수도 있고, '~에게 ~를 읽어준다' 의미로 여격과 대격이 모두 쓰일 수 있습니다.

❷ 2식 동사 '전화하다' звони́ть

звон -и́ть			
я	звоню́	мы	звони́м
ты	звони́шь	вы	звони́те
он/она́	звони́т	они́	звоня́т

Я ча́сто звоню́ ему́.　　　　　　　나는 그에게 자주 전화한다.

Ма́ша иногда́ звони́т вам?　　　마샤는 당신에게 가끔 전화하나요?

❸ 2식 동사 '선물하다' дари́ть

дар -и́ть			
я	дарю́	мы	да́рим
ты	да́ришь	вы	да́рите
он/она́	да́рит	они́	да́рят

Роди́тели да́рят ей цветы́.　　　부모님은 그녀에게 꽃을 선물한다.

Что ты обы́чно да́ришь им?　　너는 보통 그들에게 무엇을 선물하니?

❗참고 인칭대명사 주격 (~은, 는, 이, 가)

나	я	우리	мы
너	ты	너희/당신	вы
그/그녀	он/она́	그들	они́

오늘의 핵심 표현

Моя́ сестра́ ещё ма́ленькая.

Роди́тели ча́сто звоня́т ей.

내 여동생은 아직 어려. 부모님이 그녀에게 자주 전화해.

Да, прекра́сно зна́ю.

И ты то́же ча́сто звони́шь ей.

응, 잘 알지. 너도 그녀에게 자주 전화하더라.

**핵심
포인트**

✔ '전화하다'라는 뜻의 звони́ть는 2식 동사입니다. 2식 동사는 주로 동사 원형이
'-ить' 또는 '-еть'로 끝나는데, 동사 인칭 변화는 동사 원형에서 '-и(е)ть'를 떼고 주
어에 맞는 각각의 변형 어미를 붙이면 됩니다. 인칭 변화 방법과 동사 변형 어미가 1식
동사와는 차이가 있으니 잘 기억해 주세요!

**미션
클리어**

☆ 이반은 밤에 가끔 내게 전화한다.

Но́чью Ива́н иногда́ звони́т мне.

☆ 너는 지금 그녀에게 전화하고 있니?

Ты сейча́с звони́шь ей?

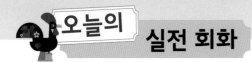

Что ты обы́чно да́ришь ему́?

너는 보통 그에게 무엇을 선물하니?

Обы́чно я дарю́ ему́ духи́.

나는 보통 그에게 향수를 선물해.

А что он да́рит тебе́?

그럼 그는 너에게 무엇을 선물하니?

Он ча́сто да́рит мне цветы́.

그는 자주 나에게 꽃을 선물해.

보너스 표현

화요일

вто́рник

TUESDAY
TUE

1 다음은 звони́ть (전화하다) 동사의 변화표입니다. 빈칸을 채워 보세요.

я	звоню́	мы	звони́м
ты	❶	вы	звони́те
он/она́	❷	они́	❸

2 주어진 단어들을 이용하여 러시아어로 올바르게 바꿔보세요.

❶ 우리는 그들에게 꽃을 선물한다.　　　　[мы, дари́ть, цветы́, они́]

▶ _____

❷ 오빠는 나에게 전화하지 않는다.　　　　[брат, не, звони́ть, я]

▶ _____

❸ 아빠는 우리에게 책을 읽어 준다.　　　　[па́па, чита́ть, мы, кни́га]

▶ _____

정답 p.260

제시된 우리말을 참고하여, 낱말 퍼즐 안에 숨어있는 8가지 단어를 찾아 보세요.

б	у	г	г	л	ш	р	ё	д	н
о	ё	д	ó	е	ж	а	й	т	у
л	ц	г	р	я́	б	к	é	д	р
ь	в	р	о	д	й	т	е	л	и
н	е	э	д	е	х	ó	д	ф	у
й	т	ж	г	р	ё	б	у	к	д
ц	ы́	б	у	é	щ	ф	х	а	ó
а	к	с	ы	в	м	е	й	е	б
ю	т	ж	ё	н	ш	з	о	щ	н
й	ь	щ	с	я	п	ж	ю́	ё	о

❶ 병원   ❺ 도시

❷ 편하다   ❻ 시골, 농촌

❸ 꽃   ❼ 향수

❹ 부모님   ❽ 아직, 또한

Нам нра́вится э́то.

우리는 이게 마음에 들어.

오늘의 주제
. . . .

- 명사의 여격 어미
- 동사 'нра́виться(마음에 들다)' 표현

오늘의 미션
. . . .

☑ 엄마는 아들에게 자주 전화한다.

☑ 여배우는 러시아가 매우 마음에 든다.

MP3 바로 듣기

ска́зка

[스까스까]

동화

га́лстук

[갈스뚜끼]

넥타이

часы́

[취씨]

시계

подру́га

[빠드루가]

친구(여)

симфо́ния

[씸포(f)니야]

교향곡

кла́ссика

[끌라씨까]

클래식, 고전

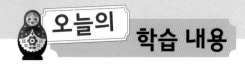 오늘의 학습 내용

1 여격(~에게, ~한테) 변화형 어미

1) 남성 명사

남성(OH)	자음	자음	⊕	у
	-й	й	⇒	ю
	-ь	ь	⇒	ю

Я звоню́ Ива́ну.

나는 이반(Ива́н)에게 전화하고 있다.

Мы чита́ем Никола́ю ска́зку.

우리는 니꼴라이(Никола́й)에게 동화를 읽어준다.

Со́ня да́рит учи́телю га́лстук.

소냐는 선생님(учи́тель)께 넥타이를 선물한다.

2) 여성 명사

여성(OHÁ)	-а	а	⇒	е
	-я	я	⇒	е
	-ь	ь	⇒	и

Ты ча́сто звони́шь Ка́те?

너는 까쨔(Ка́тя)에게 자주 전화하니?

Кто звони́т Ма́ше сейча́с?

지금 누가 마샤(Ма́ша)에게 전화하고 있니?

3) 중성 명사

중성(оно́)	-о	о	⬄	у
	-е	е	⬄	ю

❷ 동사 'нра́виться (마음에 들다)'

- '마음에 들다, 좋아하다(like)' 뜻으로 해석
- 마음에 들어 하는 주체를 여격, 마음에 들어 하는 대상은 주격으로 나타냄

он/она́	нра́вится
они́	нра́вятся

나에게	소파가	마음에 든다.
↓		
Мне	нра́вится	дива́н.
	3인칭 단수형	주어(주격)

> **주의** 동사 нра́виться 변화형은 마음에 드는 주체(여격)가 아닌 마음에 드는 대상(주격)에 맞춥니다. 한국어 해석과 달라 헷갈릴 수 있으니 주의하세요!

Тебе́ нра́вится но́вый телефо́н?

너(ты)에게 새 핸드폰이 마음에 드니?

Подру́ге нра́вятся часы́.

친구(여)(подру́га)가 시계를 마음에 들어 한다.

Како́е вино́ нра́вится бра́ту?

형(брат)은 어떤 와인을 마음에 들어 하니?

Како́й язы́к нра́вится Та́не?

따냐는 어떤 언어를 마음에 들어 하니?

(Ей) нра́вится ру́сский язы́к.

И мне то́же.

(그녀는) 러시아어를 마음에 들어 해. 나도 그래.

핵심 포인트

✓ 한국어 해석으로는 여격으로 나타내는 마음에 들어 하는 주체를 '~에게' 가 아닌 '~는, 가'로 쓰는 것이 더 자연스러워요. 하지만 처음에는 нра́виться 동사 표현을 익히기 위해 여격 의미를 그대로 살려 '~에게'로 해석하는 것이 좋습니다.

미션 클리어

★ 엄마는 아들에게 자주 전화한다.
Ма́ма ча́сто звони́т сы́ну.

★ 여배우는 러시아가 매우 마음에 든다.
Актри́се о́чень нра́вится Росси́я.

Ари́ша! Что ты слу́шаешь?

아리샤! 너는 무엇을 듣고 있니?

Я слу́шаю симфо́нию Чайко́вского.

나는 차이코프스키 교향곡을 듣고 있어.

Пра́вда? Тебе́ нра́вится класси́ческая му́зыка?

정말이야? 너는 클래식 음악이 마음에 드니?

Да, мне о́чень нра́вится кла́ссика.

응, 나는 클래식이 정말 마음에 들어.

추가 단어

класси́ческий 고전적인, 클래식한

보너스 표현

수요일
среда́

연습문제

1 주어에 맞게 нравиться 동사를 알맞은 형태로 바꿔 보세요.

① Нам _____ коре́йская ку́хня.
(우리는 한국 음식이 마음에 든다.)

② Тебе́ _____ часы́?
(너는 시계가 마음에 드니?)

③ Им о́чень _____ ру́сский язы́к.
(그들은 러시아어가 매우 마음에 든다.)

2 다음 한국어 문장을 러시아어로 바꿔 보세요.

① 내 친구(남)는 선생님에게 전화한다.

▶ _____

② 보리스(Бори́с)는 카페가 마음에 들지 않는다.

▶ _____

③ 왜 당신은 아냐(А́ня)에게 꽃을 자주 선물하나요?

▶ _____

정답 p.260

러시아 사람들의 여가 생활

러시아 사람들은 일상 속에서 다양한 방식으로 여가를 즐기며, 그들의 문화와 기후에 맞는 활동을 선택해 시간을 보냅니다. 러시아인들이 좋아하는 여가 생활에는 어떤 활동들이 있을까요?

1. 다차(дача)에서의 휴식

러시아 사람들은 주말이나 여름철에 도시 외곽의 별장인 다차дача에서 시간을 보내는 것을 즐깁니다. 다차에서는 가족이나 친구들과 함께 자연 속에서 여유를 즐기며, 텃밭 가꾸기, 바비큐 파티, 산책 등을 하곤 해요. 다차 생활은 러시아 사람들에게 도심에서 벗어나 자연과 함께하는 중요한 여가 활동 중 하나예요.

2. 겨울 스포츠 활동

러시아의 긴 겨울은 다양한 겨울 스포츠를 즐기기에 최적이에요. 스키, 스노우 보드, 아이스 스케이팅은 매우 인기 있는 겨울 스포츠인데, 특히 소치나 시베리아와 같은 지역에서는 겨울철 스포츠를 즐기는 사람들이 많아요. 추운 날씨에도 야외에서 활발하게 활동하는 러시아 사람들을 자주 볼 수 있답니다.

3. 문화 예술 관람

러시아 사람들은 예술과 문화를 생활의 중요한 부분으로 여겨요. 발레, 오페라, 연극은 그들의 여가 활동에서 중요한 부분으로, 특히 모스크바나 상트페테르부르크와 같은 대도시에서는 세계적으로 유명한 극장과 공연을 자주 접할 수 있어요.

4. 바냐(баня)

러시아의 전통 사우나인 바냐баня도 인기 있는 여가 활동이에요. 러시아 사람들에게 있어 바냐는 단순한 사우나가 아니라 신체적, 정신적 회복을 위한 의식적인 활동으로 여겨지며, 가족이나 친구들과 함께 시간을 보내는 장소로 자주 이용됩니다. 바냐를 즐긴 후 차나 간단한 식사를 나누며 여유를 찾는 것이 일반적이에요.

Ско́лько вам лет?
혹시 나이가 어떻게 되세요?

오늘의 주제

• 나이 묻고 답하기 표현

• 숫자 익히기 / 수사 문법

오늘의 미션

☑ 세르게이와 소냐는 몇 살이니?

☑ 세르게이는 37살, 소냐는 23살이야.

MP3 바로 듣기

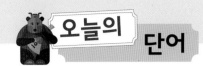
ско́лько

[스꼴까]

얼마나, 몇

год

[고ㄸ]

년, 살

семе́йный

[씨몌이늬]

가족의

фо́то

[f포[따]

사진

муж

[무쉬]

남편

молодо́й

[말라도이]

젊은

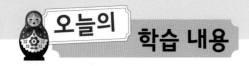

1 나이 묻고 답하기 표현

- 나이를 표현하고자 하는 명사(사람)는 여격으로 나타냄 (한국어 뜻과 별개로 반드시 암기!)
- 숫자 다음에 오는 명사(~살)를 정해진 문법에 맞춰 수사 문법을 적용함 (1 / 2~4 / 5~20)

1) 나이 묻기

당신은 / 몇 / 살입니까?

Скóлько (얼마나, 몇) / вам (여격) / лет?

✅주의 Скóлько와 лет은 변하지 않음!

| Скóлько тебé лет? | 너는 몇 살이니? |
| Скóлько ей лет? | 그녀는 몇 살이니? |

2) 나이 답하기

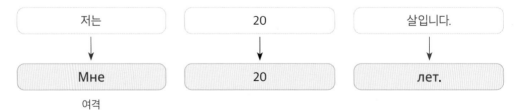

저는 / 20 / 살입니다.

Мне (여격) / 20 / лет.

2 수사 문법

숫자		살 (age)
1	➕	год
2,3,4		гóда
5 ~ 20, 끝자리가 0인 수		лет

3 숫자 익히기

1	2	3	4	5
одúн	два	три	четы́ре	пять
6	7	8	9	10
шесть	семь	вóсемь	дéвять	дéсять

Емý одúн год. 　　　　　　　그는 한 살이다.

Нам четы́ре гóда. 　　　　　우리는 네 살이다.

Мне шесть лет. 　　　　　　나는 여섯 살이다.

20	30	40
двáдцать	трúдцать	сóрок

Брáту трúдцать лет. 　　　　　　형은 서른 살이다.

Учúтелю сóрок два гóда. 　　　　선생님은 42살이다.

Мáше двáдцать одúн год. 　　　마샤는 21살이다.

Ты зна́ешь, ско́лько Анто́ну лет?

너는 안톤(Анто́н)이 몇 살인지 알고 있니?

То́чно не зна́ю. Наве́рно, ему́ 5(пять) лет.

정확히는 몰라. 아마도 5살 일거야.

추가 단어 **То́чно** 정확히

핵심 포인트

✔ 러시아에서는 처음 만난 사이거나 그리 친하지 않는 관계에서 나이를 묻는 것은 실례입니다. 특히 여성에게 나이를 묻는다면 상대방은 무례하다고 느낄 수 있기 때문에 더욱 주의해야 합니다.

미션 클리어

★ 세르게이(Серге́й)와 소냐(Со́ня)는 몇 살이니?
Ско́лько лет Серге́ю и Со́не?

★ 세르게이는 37살, 소냐는 23살이야.
Ему́ три́дцать семь лет, а ей два́дцать три го́да.

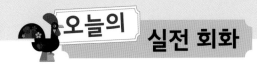

 Э́то твоё семе́йное фо́то. Кто́ э́то?

이게 너의 가족 사진이구나. 이 사람은 누구야?

 Э́то мой муж. Он молодо́й и краси́вый.

나의 남편이야. 그는 젊고 잘생겼어.

 Ско́лько ему́ лет?

남편이 몇 살인데?

 Ему́ 26(два́дцать шесть) лет.

26살이야.

목요일
четве́рг

1 괄호 안에 있는 단어들을 사용하여 질문에 답해 보세요.

❶ Ско́лько тебе́ лет?

▶ _____ [я, 12, год]

❷ Ско́лько Ка́те лет?

▶ _____ [она́, 24, год]

❸ Ско́лько Серге́ю лет?

▶ _____ [он, 30, год]

2 다음 각 문장에서 <u>틀린</u> 부분을 찾아 고쳐 보세요.

❶ Ма́ше 11(оди́ннадцать) год.　　(마샤는 11살이다.)

▶ _____

❷ Бра́ту 5(пять) го́да.　　(남동생은 5살이다.)

▶ _____

❸ Мы 20(два́дцать) лет.　　(우리는 20살이다.)

▶ _____

정답 p.260

쉬어가기
퀴즈 Plus

아래 가로 세로 낱말 퀴즈를 풀어 보세요!

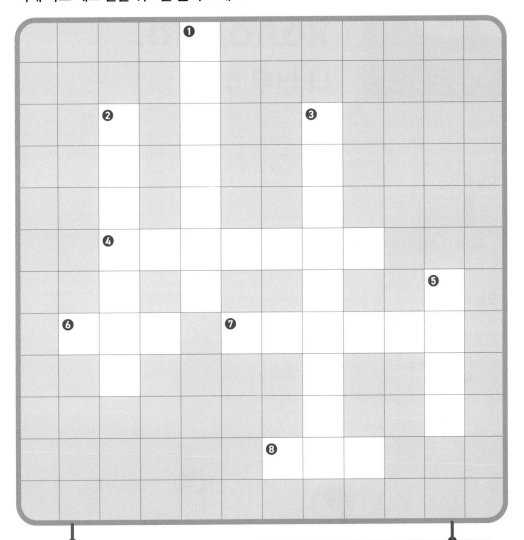

세로 열쇠	가로 열쇠
❶ 젊은	❹ 얼마나, 몇
❷ 넥타이	❻ 남편
❸ 아주 잘	❼ 동화
❺ 시계	❽ 년, 살

p.265

Урок 05

Мне о́чень хо́лодно.
나 너무 추워.

오늘의 주제
. . . .

• 무인칭문 개념
• 술어부사 용법

오늘의 미션
. . . .

☑ 밖에 추워?
☑ 아냐, 지금 따뜻해.

MP3 바로 듣기

ко́мната [꼼나따] 방	**у́лица** [울리짜] 거리
учи́ть [우취쯔] 배우다	**тепло́** [찌쁠로] 따뜻하다
ску́чно [스꾸쉬나] 지루하다	**легко́** [리h꼬] 쉽다, 가볍다

오늘의 학습 내용

1 무인칭문

- 주어(주격)가 없는 문장
- 동사가 아닌 다른 품사가 술어(~다)역할을 한다.
- 의미상 주어는 '여격'으로 바꿔 나타냄!

2 술어부사

- 문장에서 부사가 술어 역할을 한다.
- 주로 인간의 감정, 상태를 나타내는 부사로 많이 쓰임!
- 동사원형과 함께 쓰면 '~하는 것이 ~하다'라고 해석됨
- 종종 장소표현과도 함께 사용됨

춥다	хо́лодно	덥다	жа́рко
따뜻하다	тепло́	재미있다	интере́сно
지루하다	ску́чно	어렵다/힘들다	тру́дно

Мне о́чень хо́лодно.

나는 너무 춥다.

Тебе́ не жа́рко?

너는 덥지 않니?

Алексе́ю здесь ску́чно.

알렉세이는 여기가 지루하다.

Сейча́с Све́те тепло́.

지금 스베따는 따뜻하다.

Ма́ше интере́сно рабо́тать.

마샤는 일하는 것이 재미있다.

Вам тру́дно говори́ть по-ру́сски?

당신은 러시아어 말하는 것이 어렵나요?

Нам не ску́чно жить в дере́вне.

우리는 시골에 사는 것이 지루하지 않다.

(장소표현)

В ко́мнате хо́лодно.

방이 춥다.

На у́лице о́чень жа́рко.

밖에 너무 더워요.

В общежи́тии всегда́ тепло́.

기숙사는 항상 따뜻하다.

러시아어에서 부사는 격변화도 없고, 동사처럼 인칭에 따른 변화형도 없는 아주 "착한" 품사라고도 합니다. 그 래서 일상 회화에서도 술어부사 용법을 자주 사용합니다. 그런데 아무래도 한국어 해석과 다른 부분이 있기 때 문에 실수하는 경우가 많습니다. 특히 의미상 주어를 '여격'으로 표현하는 점은 확실히 숙지하여 주세요!

Тебе́ не тру́дно учи́ть ру́сский язы́к?

너는 러시아어 공부하는 것이 어렵지 않니?

Коне́чно, не легко́.

Но мне нра́вится ру́сский язы́к.

물론 쉽지 않아. 그렇지만 나는 러시아어가 좋아.

✓ '**учи́ть**' 동사는 학습 관련 표현에서 가장 많이 쓰는 단어 중 하나입니다. 이 동사는 특이하게도 '공부하다' 뜻 외에도 '가르치다'라는 의미도 가지고 있습니다. 단, 함께 쓰는 문법이 다르니 정확하게 구분하여 사용해야 합니다.

★ 밖에 추워?

   На у́лице хо́лодно?

★ 아냐, 지금 따뜻해.

   Нет, сейча́с тепло́.

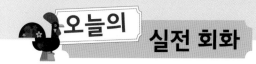

Алло́! Где́ ты? Что ты де́лаешь?

여보세요! 너 어디야? 뭐 해?

Я до́ма. Смотрю́ но́вости.

나 집이야. 뉴스 보고 있어.

Тебе́ не ску́чно смотре́ть но́вости?

너는 뉴스 보는 것이 지루하지 않아?

Нет, мне интере́сно (смотре́ть но́вости).

아냐, 나는 재미있어.

보너스 표현

금요일
пя́тница

오늘의 연습문제

1 다음 주어진 부사의 반대어를 적어 보세요.

❶ интере́сно

▶ _____

❷ тепло́

▶ _____

❸ тру́дно

▶ _____

2 다음 한국어 문장을 러시아어로 바꿔 보세요.

❶ 친구(여)는 여기에 사는 것이 지루하다.

▶ _____

❷ 지금 러시아는 춥다.

▶ _____

❸ 이반(Ива́н)은 영어로 말하는 것이 어렵지 않다.

▶ _____

정답 p.260

러시아의 위대한 작곡가, 세르게이 라흐마니노프

세르게이 라흐마니노프Сергей Васильевич Рахманинов는 러시아의 작곡가, 피아니스트, 지휘자로, 클래식 음악 역사에서 중요한 인물 중 하나입니다. 그의 음악은 감정적 깊이와 기술적 정교함으로 유명하며, 피아노 협주곡과 교향곡을 포함한 다양한 장르에서 독창적인 작품을 남겼어요.

1873년에 태어난 그는 어린 시절부터 음악에 대한 재능을 보였으며, 특히 피아노와 작곡 분야에서 두각을 나타냈어요. 그는 상트페테르부르크 음악원에서 공부하며 작곡과 피아노를 배운 뒤, 1917년 러시아 혁명 이후 미국으로 이주했으며, 그곳에서 활발히 공연하고 작곡 활동을 이어갔습니다.

라흐마니노프의 음악은 주로 낭만주의 스타일에 뿌리를 두고 있으며, 서정적인 멜로디와 복잡한 화성을 통해 깊은 감정을 전달합니다. 그의 곡들은 종종 애수와 고뇌, 그리고 희망을 표현하는데, 그의 주요 작품 몇 가지를 간단히 소개할게요.

1. 피아노 협주곡 2번 C 단조, Op. 18

1900년에 작곡된 이 곡은 라흐마니노프의 가장 유명한 작품 중 하나로, 러시아 낭만주의 음악의 대표적인 예시로 꼽힙니다. 라흐마니노프에게 세계적인 명성을 안겨준 이 작품은 오늘날에도 많은 연주자와 관객에게 사랑받고 있습니다.

2. 피아노 협주곡 3번 D 단조, Op. 30

라흐마니노프의 피아노 협주곡 3번은 그의 뛰어난 작곡 기법과 감정적 깊이를 잘 보여주는 작품으로, 1909년에 작곡되었습니다. 이 곡은 뛰어난 기술과 깊은 감정을 동시에 요구하기 때문에, 많은 피아니스트들에게 가장 사랑받는 작품 중 하나입니다.

3. 교향곡 제2번 E 플랫 장조, Op. 27

라흐마니노프의 교향곡 제2번은 그의 작품 중에서도 감정적으로 깊이 있는 멜로디와 오케스트라의 풍부한 색채감을 잘 보여주는 대표작입니다. 초연 이후 큰 인기를 끌었고, 라흐마니노프의 스타일을 대중에게 널리 알리는 데 기여했습니다.

Урок 06

복습

Урок 01~05 복습하기

오늘의 주제
. . . .

- 1 ~ 5강 내용 복습 & 말하기 연습
- 실전 테스트

MP3 바로 듣기

오늘의 복습 내용

Урок 01	☑ 이름 묻고 답하기
	☑ 이유 묻고 답하기 (의문사 '왜')

1) 이름 묻고 답하기

Как вас зову́т?	당신의 이름은 무엇입니까?
Меня́ зову́т Ма́ша.	내 이름은 마샤입니다.

Как тебя́ зову́т?	너의 이름은 뭐니?
Меня́ зову́т Са́ша.	내 이름은 싸샤(Са́ша)야.

Как его́ зову́т?	그의 이름은 뭐니?
Её зову́т Ви́ка?	그녀의 이름은 비까(Ви́ка)야?

2) 이유 묻고 답하기 (의문사 '왜')

왜	왜냐하면
почему́	потому́ что

Почему́ вы живёте в Коре́е?	왜 당신은 한국에 사나요?
Потому́ что я рабо́таю в Коре́е.	왜냐하면 나는 한국에서 일하기 때문이다.

Почему́ ты всегда́ в больни́це?	왜 너는 항상 병원에 있니?
Потому́ что я врач.	왜냐하면 나는 의사이기 때문이야.

Урок 02

☑ 2식 동사 '전화하다', '선물하다'

☑ 인칭대명사 여격 변화

•인칭대명사 여격 (~에게, 한테)

나에게	мне	우리에게	нам
너에게	тебе́	너희에게/당신에게	вам
그에게/그녀에게	ему́ / ей	그들에게	им

Вы говори́те мне?

당신은 나에게 말하고 있나요?

Мы говори́м тебе́.

우리는 너에게 말하고 있다.

Ма́ма чита́ет нам кни́гу.

엄마는 우리에게 책을 읽어 주신다.

звон -и́ть (전화하다)			
я	звоню́	мы	звони́м
ты	звони́шь	вы	звони́те
он/она́	звони́т	они́	звоня́т

Я ча́сто звоню́ ему́.

나는 그에게 자주 전화한다.

Ма́ша иногда́ звони́т вам?

마샤는 당신에게 가끔 전화하나요?

дар -и́ть (선물하다)			
я	дарю́	мы	да́рим
ты	да́ришь	вы	да́рите
он/она́	да́рит	они́	да́рят

Роди́тели да́рят ей цветы́.

부모님은 그녀에게 꽃을 선물한다.

Что ты обы́чно да́ришь им?

너는 보통 그들에게 무엇을 선물하니?

Урок 03
- ☑ 명사의 여격 어미
- ☑ 동사 'нра́виться(마음에 들다)' 표현

•명사의 여격 어미

남성	주격	자음	-й	-ь
	여격	+у	ю	ю

Я звоню́ Ива́ну. 나는 이반에게 전화하고 있다.

Мы чита́ем Никола́ю ска́зку. 우리는 니꼴라이에게 동화를 읽어준다.

여성	주격	-а	-я	-ь
	여격	е	е	и

Ты ча́сто звони́шь Ка́те? 너는 까쨔에게 자주 전화하니?

Кто звони́т Ма́ше сейча́с? 지금 누가 마샤에게 전화하고 있나요?

중성	주격	-о	-е
	여격	у	ю

•동사 'нра́виться(마음에 들다)' 표현
마음에 들어 하는 주체를 여격, 마음에 들어 하는 대상은 주격으로 나타냄

он/она́	нра́вится
они́	нра́вятся

Тебе́ нра́вится но́вый телефо́н? 너에게 새 핸드폰이 마음에 드니?

Подру́ге нра́вятся часы́. 친구(여)가 시계를 마음에 들어 한다.

Урок 04
☑ 나이 묻고 답하기 표현
☑ 숫자 익히기, 수사 문법

• 인칭대명사 여격 (~에게, 한테)

나에게	мне	우리에게	нам
너에게	тебе́	너희에게/당신에게	вам
그에게/그녀에게	ему́ / ей	그들에게	им

Ско́лько вам лет?　　　당신은 몇 살입니까?

Ско́лько тебе́ лет?　　　너는 몇 살이니?

Ско́лько ей лет?　　　그녀는 몇 살이니?

1	2	3	4	5
оди́н	два	три	четы́ре	пять
6	7	8	9	10
шесть	семь	во́семь	де́вять	де́сять

숫자		살 (age)
1	➕	год
2,3,4		го́да
5 ~ 20, 끝자리가 0인 수		лет

Нам четы́ре го́да.　　　우리는 네 살이다.

Мне шесть лет.　　　나는 여섯 살이다.

20	30	40
два́дцать	три́дцать	со́рок

Máше **два́дцать оди́н** год.	마샤는 21살이다.
Бра́ту **три́дцать** лет.	형은 서른 살이다.

Урок 05 ☑ 무인칭문 개념
☑ 술어부사 용법

춥다	хо́лодно	덥다	жа́рко
따뜻하다	тепло́	재미있다	интере́сно
지루하다	ску́чно	어렵다/힘들다	тру́дно

Мне о́чень хо́лодно.	나는 너무 춥다.
Алексе́ю здесь ску́чно.	알렉세이는 여기가 지루하다.
Máше интере́сно рабо́тать.	마샤는 일하는 것이 재미있다.
На у́лице о́чень жа́рко.	밖에 너무 더워요.

 보너스 표현

월요일	화요일	수요일
понеде́льник	**вто́рник**	**среда́**

목요일	금요일
четве́рг	**пя́тница**

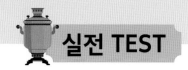

1 음성을 듣고 일치하는 단어를 보기에서 고르세요. 🎧 MP3

① Ⓐ прия́тно　Ⓑ понеде́льник　Ⓒ прекра́сно　Ⓓ подру́га

② Ⓐ центр　Ⓑ га́лстук　Ⓒ легко́　Ⓓ четве́рг

③ Ⓐ учи́ть　Ⓑ у́лица　Ⓒ удо́бно　Ⓓ цветы́

2 다음 러시아어 문장의 우리말 뜻을 적어 보세요.

① Ма́ма чита́ет нам кни́гу.

▶ _____

② Как тебя́ зову́т?

▶ _____

③ Тебе́ нра́вится но́вый телефо́н?

▶ _____

④ Мне шесть лет.

▶ _____

3 제시된 우리말을 참고하여 다음 대화문을 완성해 보세요.

❶

Ⓐ _____?

너는 러시아어 공부하는 것이 어렵지 않니?

Коне́чно, не легко́.

Ⓑ _____.

물론 쉽지 않아. 그렇지만 나는 러시아어가 좋아.

❷

Ⓐ _____.

Кто́ э́то?

이게 너의 가족 사진이구나. 이 사람은 누구야?

Э́то мой муж. Ⓑ _____.

나의 남편이야. 그는 젊고 잘생겼어.

Ⓒ _____?

남편이 몇 살인데?

Ⓓ _____.

26살이야.

Как у тебя дела?
요새 어떻게 지내?

오늘의 주제
· · · · · · · · ·

• 소유구문 개념 / 안부 묻고 답하기
• 인칭대명사 생격 변화

오늘의 미션
· · · · · · · · ·

☑ 그녀는 핸드폰이 있나요?
☑ 우리는 강아지가 있다.

MP3 바로 듣기

де́ло
[젤라]
일, 업무

как
[깎]
어떻게

норма́льно
[나르말나]
괜찮다, 보통이다

непло́хо
[니쁠로하]
나쁘지 않다

ру́сско-коре́йский
[루스까까례이스끼]
러한의

ру́сско-англи́йский
[루스까안글리스끼]
러영의

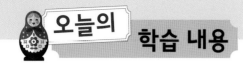
1 인칭대명사 생격 변화

생격은 주로 '~의'라고 해석하며, 사람·사물의 소유나 소속의 의미를 갖고 있기 때문에 소유격이라고도 불립니다.

• 인칭대명사 생격 = 대격

나를	меня́	우리를	нас
너를	тебя́	너희를/당신을	вас
그를/그녀를	его́/её	그들을	их

✅주의 전치사 y와 함께 쓰는 경우, 3인칭 형태는 н이 추가됨! (y него́ / y неё / y них)

2 소유구문 (전치사 y + 생격)

'누군가가 사람이나 사물을 가지고 있다'라는 의미를 나타내며, 반드시 전치사 y와 함께 씁니다.

есть는 특수한 형태의 술어로서, 일반 동사와 다르게 주어에 따른 동사 변화를 하지 않고 항상 есть로 씁니다. 간혹 문맥과 상황에 따라 생략도 가능합니다.

У тебя́ есть вре́мя?	너는 시간이 있니?
Да, у меня́ есть (вре́мя).	응, 나 시간 있어.
У него́ есть брат (сестра́)?	그는 형(누나)이 있나요?
У них есть де́ти?	그들은 아이가 있나요?

❸ 안부 묻고 답하기

1) 안부 묻기

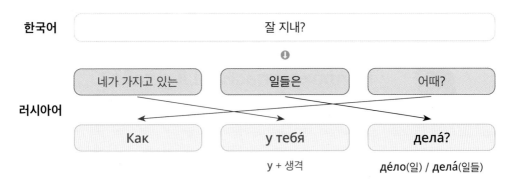

| 한국어 | 잘 지내? |

러시아어

| 네가 가지고 있는 | 일들은 | 어때? |

| Как | у тебя | дела? |

у + 생격

де́ло(일) / дела́(일들)

✔주의 소유구문(у тебя́)은 생략이 가능함!

2) 안부 답하기

| 한국어 | 잘 지내, 고마워! |

| 러시아어 | Хорошо́, спаси́бо! |

괜찮다. / 보통이다.	나쁘지 않다.	그저 그래.
норма́льно	непло́хо	так себе́

Как (у вас) дела́?   당신은 어떻게 지내세요?

Норма́льно, спаси́бо!   괜찮아요(보통이에요), 고마워요!

Как у неё дела́?   그녀는 어떻게 지내?

Так себе́.   그저 그래.

오늘의 핵심 표현

И́ра, приве́т! Как (у тебя́) дела́?

이라야, 안녕! 잘 지내?

Непло́хо, спаси́бо! А у тебя́?

나쁘지 않아, 고마워! 그럼 너는?

У меня́ то́же хорошо́. Спаси́бо!

나도 잘 지내. 고마워!

핵심 포인트

✓ 안부 묻고 답하기 표현에 소유구문이 생략되어 있다는 점을 잊어서는 안 됩니다. 특히 상대방 질문에 대답할 때, '나는 잘 지낸다' 문장을 'Я хорошо́.'라고 틀리게 말하지 않도록 주의하세요!

미션 클리어

☆ 그녀는 핸드폰이 있나요?
　 У неё есть телефо́н?

☆ 우리는 강아지가 있다.
　 У нас есть соба́ка.

오늘의 실전 회화

(в кни́жном магази́не) (서점에서)

У вас есть ру́сско-коре́йский слова́рь?

당신은 러한사전이 있나요(파나요)?

К сожале́нию, нет.

유감스럽게도 없습니다.

А ру́сско-англи́йский слова́рь (у вас есть)?

그러면 러영사전은 있나요?

Да, у нас есть.

네, 있어요.

추가 단어

к сожале́нию 유감스럽게도, 아쉽게도

보너스 표현

토요일
суббо́та

오늘의 연습문제

1 다음 빈칸에 알맞은 내용을 넣어 대화문을 완성하세요.

Еле́на: Приве́т, Ви́ктор!

Ви́ктор: Здра́вствуй, Еле́на!

① _____ (너는 어떻게 지내니?)

Еле́на: Хорошо́, а у тебя́?

Ви́ктор: ② _____ (보통이야, 고마워!)

2 괄호 안에 주어진 단어를 문법에 맞게 바꿔 보세요.

① У [вы] есть вре́мя? ▶ _____

② У [она́] есть телефо́н. ▶ _____

③ У [они́] есть де́ти? ▶ _____

④ У [я] есть ру́чка. ▶ _____

정답 p.260

우랄 산맥의 관문, 예카테린부르크

예카테린부르크Екатеринбург는 우랄 산맥의 서쪽에 위치한 러시아의 중요한 도시로, 아시아와 유럽을 잇는 교차점이에요. 러시아 4대 도시 중 하나로, 역사와 현대 문화가 어우러진 독특한 매력을 지니고 있어요. 이 도시는 혁명과 산업화, 예술과 문화의 중심지로 발전해 왔으며, 러시아의 다양한 모습을 경험할 수 있는 여행지랍니다.

예카테린부르크를 방문하면 가장 먼저 꼭 가 봐야 할 곳은 예카테린부르크 역사광장Площадь 1905 года입니다. 이곳은 도시의 중심부에 위치해 있으며, 예카테린부르크의 중요한 역사적 사건들을 기념하는 기념비와 건축물들이 있어 도시의 과거와 현재를 동시에 느낄 수 있어요.

또한, 예카테린부르크의 대표적인 랜드마크 중 하나는 피의 사원Храм на Крови입니다. 이 성당은 러시아 혁명 당시 마지막 황제 니콜라이 2세와 그의 가족이 처형된 장소에 세워졌으며, 화려한 러시아 정교회 건축 양식과 함께 그들의 비극적인 역사를 기리고 있어요. 성당 내부에는 로마노프 왕조의 역사와 관련된 전시물들이 있어 러시아 제국의 마지막 이야기를 엿볼 수 있답니다.

현대 예술과 문화를 경험하고 싶다면 예카테린부르크의 바이네르 거리Улица Вайнера를 추천드려요. 이곳은 예카테린부르크의 번화가로, 다양한 상점과 레스토랑, 예술적 조각들이 거리에 늘어서 있어 활기찬 분위기를 자아냅니다. 또한, 현지 예술가들이 만든 독특한 예술 작품들을 감상할 수 있는 갤러리들도 많아 예술 애호가들에게 인기가 많아요.

예카테린부르크는 우랄 산맥의 아름다운 자연 경관을 즐길 수 있는 출발점이기도 해요. 가까운 곳에 위치한 여러 산에서 트레킹과 하이킹을 즐기며 대자연을 만끽할 수 있어요. 이 외에도 예카테린부르크는 역사적, 문화적 명소가 많은 도시로, 다양한 관광과 함께 자연 속에서 여유를 찾을 수 있는 여행지랍니다!

예카테린부르크 여행 TIP

겨울에 예카테린부르크를 방문할 계획이라면 추운 시베리아 날씨에 대비해 따뜻한 옷을 준비하세요. 11월부터 3월까지 기온이 영하로 떨어지기 때문에 두꺼운 외투, 모자, 장갑이 필수예요.

Какóй у тебя́ нóмер телефóна?

너 폰 번호가 뭐야?

오늘의 주제
· · · · · · · · ·

- 생격의 기본 용법 (~의)
- 명사의 생격 어미

오늘의 미션
· · · · · · · · ·

☑ 지금은 3월 말이다.

☑ 모스크바는 러시아의 수도다.

MP3 바로 듣기

но́мер

[노몌ㄹ]

번호

литерату́ра

[리찌라뚜라]

문학

коне́ц

[까녜ㅉ]

마지막, 끝

столи́ца

[스딸리짜]

수도

назва́ние

[나즈바니예]

이름, 명칭

те́ма

[쩨마]

주제, 제목

오늘의 학습 내용

1. 생격의 기본 용법: 소유나 소속을 나타냄 (~의)

한국어	마샤의 가방

⬇

러시아어	가방　마샤의

어순이 반대!

2. 생격(~의) 변화형 어미

1) 남성 명사

	자음	자음	⊕	a
남성(он)	-й	й	⊖	я
	-ь	ь	⊖	я

но́мер телефо́на

전화(телефо́н) 번호(но́мер)

а́дрес музе́я

박물관(музе́й) 주소(а́дрес)

коне́ц апре́ля

4월(апре́ль) 말(коне́ц)

2) 여성 명사

여성(она́)	-a	а	➡	ы
	-я	я	➡	и
	-ь	ь	➡	и

Сейча́с уро́к литерату́ры.

지금은 문학(литерату́ра) 수업(уро́к)이다.

Сеу́л - столи́ца Коре́и.

서울은 한국(Коре́я)의 수도(столи́ца)다.

Я зна́ю назва́ние пло́щади.

나는 광장(пло́щадь)의 이름(назва́ние)을 안다.

3) 중성 명사

중성(оно́)	-o	о	➡	а
	-e	е	➡	я

те́ма письма́

편지(письмо́) 제목(те́ма)

а́дрес зда́ния

건물(зда́ние)의 주소(а́дрес)

Скажи́, пожа́луйста,

твой но́мер телефо́на!

너의 전화번호를 말해줘!

Мой но́мер телефо́на – 123-4567.

내 번호는 123-4567이야.

핵심 포인트

✔ 실제 일상 표현으로는 '전화번호(но́мер телефо́на)'를 편의상 'но́мер'라고 쓰는 경우가 많습니다.

미션 클리어

★ 지금은 3월 말이다.
Сейча́с коне́ц ма́рта.

★ 모스크바는 러시아의 수도다.
Москва́ - столи́ца Росси́и.

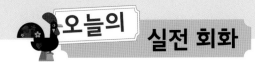

 Кака́я краси́вая маши́на! Э́то твоя́ (маши́на)?

자동차가 정말 예쁘다! 이거 네 차야?

 Да, моя́. Спаси́бо!

응, 내 차야. 고마워!

 А чья э́то маши́на?

그럼 이건 누구 차야?

 Э́то маши́на И́ры.

이라 차야.

일요일
воскресе́нье

오늘의 연습문제

1 다음 주어진 한국어 표현을 러시아어로 바꿔 보세요.

❶ 9월 말
▶ _____

❷ 건물 주소
▶ _____

❸ 전화 번호
▶ _____

2 한국어 해석을 참고하여 <u>틀린</u> 부분을 찾아 고쳐 보세요.

❶ Áнна кни́га   (안나의 책)

▶ _____

❷ Росси́и столи́ца   (러시아의 수도)

▶ _____

❸ назва́ние пло́щадь   (광장 이름)

▶ _____

정답 p.261

쉬어가기
실력 Plus

제시된 우리말을 참고하여, 낱말 퍼즐 안에 숨어있는 8가지 단어를 찾아 보세요.

ч	д	в	к	ó	м	н	а	т	а
м	é	н	ж	ó	ы	щ	ш	л	р
ч	д	о	у	н	ф	ы	а	н	ч
ы	р	р	д	б	з	щ	ю	е	ó
б	ю	м	т	ó	ч	н	о	п	д
щ	у	á	ó	ё	ч	у	з	л	é
к	ч	л	ф	а	с	д	в	ó	л
á	й	ь	л	е	г	к	ó	х	о
л	т	н	ш	з	ц	ю	д	о	й
н	ь	о	ж	т	е	п	л	ó	н

❶ 정확히	❺ 방
❷ 배우다	❻ 따뜻하다
❸ 쉽다, 가볍다	❼ 일, 업무
❹ 괜찮다, 보통이다	❽ 나쁘지 않다

정답 ▶ p.265

Сейча́с у Ма́ши нет вре́мени.
마샤는 지금 시간이 없어.

오늘의 주제
- 소유구문 & 생격 복습
- 부정 생격 용법

오늘의 미션
☑ 그들은 아들이 없다.
☑ 할아버지는 차가 없으시다.

MP3 바로 듣기

오늘의 단어

семья́ [씨먀] 가족	**план** [쁠란] 계획
маши́на [마쉬나] 자동차	**яйцо́** [이쪼] 달걀
молоко́ [말라꼬] 우유	**хлеб** [흘례ㅃ] 빵

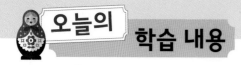
① 명사 생격 변화형 어미

남성(он)	여성(онá)	중성(онó)
자음 (+а)	-а (ы)	-о (а)
-й (я)	-я (и)	-е (я)
-ь (я)	-ь (и)	
а / я	ы / и	а / я

✅주의 반드시 기억해야 할 철자 규칙 : 7가지 자음 뒤에는 ы가 아니라 и가 와야 한다!

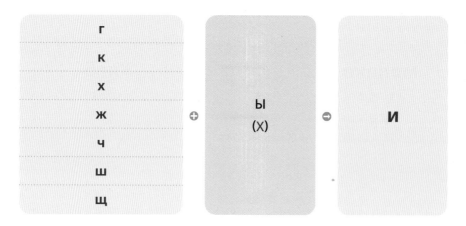

сестрá Мáши   마샤(Мáша)의 언니(сестрá)

дом подрýги   친구(подрýга)의 집(дом)

❷ 부정 생격 용법

한국어	나에게는	계획이	없다.
러시아어	**У меня́**	**нет**	**пла́на.**
	소유하는 주체 'y + 생격'		소유하는 대상 '생격' 부정하는 대상은 생격!

нет는 '없다'라는 뜻의 특수한 형태 술어로서, 일반 동사와 다르게 주어에 따른 동사 변화를 하지 않고 항상 нет로 씁니다.

남성(он)	여성(она́)	중성(оно́)
а / я	ы / и	а / я

У Серге́я есть семья́?
세르게이(Серге́й)는 가족(семья́)이 있나요?

Да, у него́ есть (семья́).
네, 그는 가족이 있어요.

Нет, у него́ нет семьи́.
아뇨, 그는 가족이 없어요.

У Та́ни есть ру́чка?
따냐(Та́ня)는 펜(ру́чка)이 있니?

Да, у неё есть (ру́чка).
응, 그녀는 펜이 있어.

Нет, у неё нет ру́чки.
아니, 그녀는 펜이 없어.

У них нет маши́ны.
그들은 자동차(маши́на)가 없다.

У нас нет яйца́.
우리는 달걀(яйцо́)이 없다.

У меня́ нет словаря́. А у тебя́ есть?

나는 사전이 없어. 너는 있니?

Нет, у меня́ то́же нет (словаря́).

Наве́рно, у Анто́на есть.

아니, 나도 없어. 아마 안톤은 있을거야.

핵심 포인트

✔ 소유구문이 사용되는 대화문에서는 소유하는 대상이 있든 없든, 앞서 언급한 대상은 생략할 수 있습니다. 간단하게 술어(есть/нет)로만 표현하기도 합니다.

미션 클리어

★ 그들은 아들이 없다.

У них нет сы́на.

★ 할아버지는 차가 없으시다.

У де́душки нет маши́ны.

У нас есть молокó?

우리 우유 있나?

Нет, (у нас) нет молокá.

아니, 우리 우유 없어.

А (у нас есть) хлеб?

그럼 빵은 있나?

По-мóему, да (у нас есть).

내 생각엔 있는 것 같아.

추가 단어

по-мóему 내 생각에는

보너스 표현

만세!
Урá!

1 다음 주어진 질문에 긍정문 / 부정문으로 각각 답해 보세요.

❶ | 질문 |

$$\text{У вас есть дом?}$$

(당신은 집이 있습니까?)

긍정 _____

부정 _____

❷ | 질문 |

$$\text{У Влади́мира есть жена́?}$$

(블라지미르는 아내가 있나요?)

긍정 _____

부정 _____

❸ | 질문 |

$$\text{У Ма́ши есть соба́ка?}$$

(마샤는 강아지가 있나요?)

긍정 _____

부정 _____

정답 p.261

쉬어가기
문화 Plus

러시아의 주요 대학

러시아는 세계적으로 명성 있는 대학들이 위치해 있는 교육 중심지로, 러시아의 주요 대학들은 그 역사와 전통을 바탕으로 국내외에서 인정받고 있어요. 러시아의 주요 대학들은 각기 다른 특성과 강점을 가지고 있는데, 이 중 유명한 대학 몇 군데를 소개할게요.

1. 국립 모스크바 대학교 (Московский государственный университет, МГУ)

모스크바 국립대학교는 1755년에 설립된 러시아에서 가장 오래된 대학으로, 전 세계적으로 유명한 교육 기관입니다. 이 대학은 다양한 전공 분야에서 우수한 교육 프로그램을 제공하며, 특히 자연과학, 수학, 인문학 분야에서 높은 평가를 받고 있어요. 대학의 캠퍼스는 아름다운 건축물과 넓은 녹지로 둘러싸여 있어 학생들에게 쾌적한 학습 환경을 제공합니다.

2. 국립 상트페테르부르크 대학교 (Санкт-Петербургский государственный университет)

상트페테르부르크 국립대학교는 1724년에 설립되어 러시아에서 두 번째로 오래된 대학이에요. 이 대학은 인문학, 사회과학, 자연과학 등 다양한 분야에서 강력한 연구 프로그램을 운영하고 있으며, 유럽의 학술 네트워크와 밀접하게 연계되어 있습니다. 또한, 아름다운 건축물과 역사적인 캠퍼스는 많은 학생들에게 영감을 주는 장소입니다.

3. 국립 노보시비르스크 대학교 (Новосибирский государственный университет)

노보시비르스크 국립대학교는 1959년에 설립된 상대적으로 젊은 대학이지만, 빠르게 성장하며 러시아에서 중요한 연구 기관으로 자리잡았어요. 이 대학은 특히 물리학, 생물학, 정보기술 분야에서 뛰어난 성과를 내고 있으며, 다양한 국제 연구 프로젝트에 참여하고 있습니다. 또한, 현대적인 연구 시설과 창의적인 학습 환경을 제공하여 학생들에게 많은 기회를 주고 있어요.

4. 카잔 연방 대학교 (Казанский федеральный университет)

카잔 국립대학교는 1804년에 설립된 러시아의 명문 대학 중 하나로, 다문화적인 환경에서 교육을 제공합니다. 이 대학은 다양한 전공 분야에서 교육 프로그램을 운영하며, 특히 언어학, 역사, 의학 분야에서 높은 수준의 교육과 연구를 자랑하고 있어요. 카잔은 다양한 민족과 문화를 가진 도시로, 학생들에게 글로벌한 시각을 키울 수 있는 기회를 제공합니다.

Откуда вы?
당신은 어디서 오셨어요?

오늘의 주제
. . . .

• 의문사 '어디서부터' / 전치사 '~로부터'
• 출신지 묻고 답하기

오늘의 미션
. . . .

☑ 새로운 학생(남)은 일본에서 왔나요?
☑ 아뇨, 그는 한국인이에요.

MP3 바로 듣기

Европа	**Áзия**
[이브로빠]	[아지야]
유럽	아시아

Пекúн	**Тóкио**
[삐낀]	[또끼오]
베이징	도쿄

япóнец	**япóнка**
[이뽀녜쯔]	[이뽄까]
일본인(남)	일본인(여)

1️⃣ 의문사 '어디서부터, 어디로부터' отку́да

한국어	너는 어디에서 왔니?

⬇️

러시아어	Отку́да ты?

✅주의 출신을 묻는 표현에서 보통 동사 '오다(прие́хать)'는 생략합니다.

2️⃣ 전치사 '~로부터' (from)

из + 생격 (국가, 도시)

3️⃣ 출신지 묻고 답하기

Отку́да вы?	당신은 어디서 오셨나요?
Я из Коре́и.	저는 한국(Коре́я)에서 왔어요.
Я из Росси́и.	저는 러시아(Росси́я)에서 왔어요.
Я из Кита́я.	저는 중국(Кита́й)에서 왔어요.

❗참고 명사 생격 변화형 어미

남성(он)	여성(она́)	중성(оно́)
а / я	ы / и	а / я

Откýда студéнты?		학생들은 어디서 왔니?
Они́ из Москвы́.		그들은 모스크바(Москвá)에서 왔어요.
Они́ из Еврóпы.		그들은 유럽(Еврóпа)에서 왔어요.
Они́ из А́зии.		그들은 아시아(А́зия)에서 왔어요.

④ 국적 표현 (남/여)

한국	корéец (남)	корея́нка (여)
러시아	рýсский (남)	рýсская (여)
일본	япóнец (남)	япóнка (여)
중국	китáец (남)	китая́нка (여)

Он китáец.	그는 중국인이다.
Онá япóнка.	그녀는 일본인이다.

Он из Пеки́на.	그는 베이징 출신이다.
Онá из Тóкио.	그녀는 도쿄 출신이다.

주의 Тóкио(도쿄)는 불변명사로서 어떠한 문법 변화도 하지 않는 예외적인 형태의 명사입니다.

Я ру́сский. Отку́да ты?

나는 러시아인이야. 너는 어디에서 왔니?

Я из Сеу́ла. Я корея́нка.

나는 서울에서 왔어. 한국인이야.

핵심 포인트

✔ 영어와 달리 러시아어는 국적 표현을 나타낼 때 대문자가 아닌 소문자를 쓴다는 점을 꼭 기억해주세요!

미션 클리어

⭐ 새로운 학생(남)은 일본에서 왔나요?
Но́вый студе́нт из Япо́нии?

⭐ 아뇨, 그는 한국인이에요.
Нет, он коре́ец.

 Меня́ зову́т Óля. Óчень прия́тно!

Отку́да вы?

내 이름은 올라야. 만나서 반가워! 너희는 어디에서 왔니?

 Я из Росси́и.

나는 러시아에서 왔어.

 Я из Кита́я.

나는 중국에서 왔어.

 Я из Коре́и.

나는 한국에서 왔어.

잘했어요!

Молоде́ц!

Урок 10 Отку́да вы? 89

오늘의 연습문제

1 괄호 안에 있는 단어를 문법에 맞게 바꿔 보세요.

❶ Мы из _____. [Евро́па]

❷ Но́вый студе́нт из _____. [Пеки́н]

❸ Моя́ подру́га из _____. [То́кио]

2 보기와 같이 주어진 문장을 참고하여 국적 표현을 적어보세요.

보기	Он из Коре́и. ▶ Он коре́ец.

❶ Мой друг из Япо́нии.

▶ _____

❷ Актри́са из Кита́я.

▶ _____

❸ Журнали́ст из Росси́я.

▶ _____

정답 p.261

쉬어가기
퀴즈 Plus

아래 가로 세로 낱말 퀴즈를 풀어 보세요!

		❶								
❷										
					❸				❹	
	❺									
							❻			
❼					❽					

세로 열쇠	가로 열쇠
❶ 이름, 명칭	❷ 계획
❸ 자동차	❺ 유럽
❹ 문학	❼ 아시아
❻ 가족	❽ 번호

정답 p.265

Я жду дру́га.
나 친구 기다려.

오늘의 주제
· · · · · · · ·

• 동사 '기다리다' 활용
• 명사 대격 변화 심화 (활동체 남성 명사)

오늘의 미션
· · · · · · · ·

☑ 누가 율리아(Ю́лия)를 기다리고 있니?
☑ 할머니는 의사 말을 잘 들으신다.

MP3 바로 듣기

субботá	мать
[수보따]	[마ㅉ]
토요일	어머니

профéссор	Амéрика
[쁘라페(f)싸ㄹ]	[아몌리까]
교수	미국

америкáнец	америкáнка
[아미리까녜ㅉ]	[아미리깐까]
미국인(남)	미국인(여)

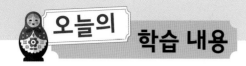

1 동사 '기다리다' ждать

жд -ать			
я	жду	мы	ждём
ты	ждёшь	вы	ждёте
он/онá	ждёт	они́	ждут

✓주의 동사 변화형이 불규칙!

Я жду её.	나는 그녀를 기다린다.
Они́ ждут нас.	그들은 우리를 기다린다.
Вы ждёте меня́?	너희는 나를 기다리는 거야?
Да, ждём тебя́.	응, 너를 기다리고 있어.

2 명사 대격(~을, 를) 변화 총정리

- 문장에서 목적어 역할을 하는 명사의 변화
- 여성형 명사는 변화형(-у /-ю/-ь) 어미에 따라 바꿈
- 비활동체 남성형과 중성형 명사는 주격과 동일!
- 활동체(살아 있는 명사) 남성형 명사는 생격 어미로 바꿈!

남성 명사 중 살아있는 명사의 대격 = 생격			
친구	дру́га (대격)	=	дру́га (생격)
선생님	учи́теля (대격)	=	учи́теля (생격)

1) 남성 명사

남성 (활동체)	주격	자음	-й	-ь
	대격	+a	я	я

Ты ждёшь бра́та?

너는 형(брат)을 기다리니?

Мы не зна́ем Андре́я.

우리는 안드레이(Андре́й)를 모른다.

Моя́ дочь хорошо́ слу́шает учи́теля.

내 딸은 선생님(учи́тель) 말을 잘 듣는다.

2) 여성 명사

여성	주격	-a	-я	-ь
	대격	у	ю	ь

Он не ждёт Ма́шу.

그는 마샤(Ма́ша)를 기다리지 않는다.

Лю́ди ждут суббо́ту.

사람들은 토요일(суббо́та)을 기다린다.

Почему́ ты не слу́шаешь мать?

왜 너는 어머니(мать) 말을 듣지 않는 거니?

---

❶참고 인칭대명사 대격 (~을, 를)

나를	меня́	우리를	нас
너를	тебя́	너희를/당신을	вас
그를/그녀를	его́/её	그들을	их

Ты ждёшь меня (сейча́с)?

너 나를 기다리고 있는 거야?

Нет, я жду дру́га. Ты зна́ешь Дми́трия?

아냐, 나는 친구를 기다려. 너 드미트리(Дми́трий)를 아니?

Нет, не зна́ю (его́).

아니, 나는 (그를) 몰라.

핵심 포인트

✔ 의문사가 없는 의문문에서는 화자가 묻고자 하는 부분을 강조하면서 억양을 살려줍니다. 'Ты ждёшь меня?' 문장에서는 '나를' 기다리는 것인지 묻고자 하고, 'Ты зна́ешь Дми́трия?' 문장에서는 '알고 있니'를 강조하면 됩니다.

미션 클리어

⭐ 누가 율리아(Ю́лия)를 기다리고 있니?
Кто ждёт Ю́лию?

⭐ 할머니는 의사 말을 잘 들으신다.
Ба́бушка хорошо́ слу́шает врача́.

Ива́н! Что ты де́лаешь на у́лице?

이반! 너 밖에서 뭐하고 있는 거야?

Я жду профе́ссора.

교수님 기다리고 있어.

Э́то но́вый профе́ссор из Аме́рики?

미국에서 오신 새로운 교수님 말하는 거야?

Да, он америка́нец.

응, 교수님은 미국인이셔.

 보너스 표현

문제없어요!
Без пробле́м!

1 다음은 ждать(기다리다) 동사의 변화표입니다. 빈칸을 채워 보세요.

я	жду	мы	❷
ты	❶	вы	ждёте
он/она́	ждёт	они́	❸

2 주어진 한국어 문장을 러시아어로 바꿔 보세요.

❶ 우리는 여가수(певи́ца)를 모른다.

▶ _____

❷ 선생님은 학생(남)(шко́льник)을 기다린다.

▶ _____

❸ 아이들은 엄마(мать) 말을 잘 듣는다.

▶ _____

정답 p.261

현대 단편 소설의 아버지, 안톤 체호프

안톤 체호프Антон Павлович Чехов는 러시아의 극작가이자 소설가로, 현대 문학의 선구자로 널리 알려져 있습니다. 그의 작품은 일상적인 인간 경험을 세밀하게 탐구하며, 심리적 깊이와 사회적 비판을 특징으로 합니다. 체호프는 단편 소설과 희곡에서 특히 두각을 나타냈으며, 그의 문체는 간결하면서도 깊은 감정을 담고 있습니다.

체호프는 20세기 문학에 큰 영향을 미쳤으며, 그의 작품은 현대 연극과 소설에 많은 작가들에게 영감을 주었습니다. 그는 인물의 내면을 깊이 있게 탐구하고, 복잡한 인간 관계를 사실적으로 그려내어 오늘날에도 여전히 많은 사랑을 받고 있습니다.

1. 《갈매기(Чайка)》

안톤 체호프의 희곡 《갈매기》는 1895년에 처음 발표되었으며, 그의 대표적인 작품 중 하나로 손꼽힙니다. 이 작품은 현대 극작법에 큰 영향을 미쳤고, 인간의 감정과 관계의 복잡성을 다룬 독창적인 내용을 담고 있습니다.

2. 《세 자매(Три сестры)》

1900년에 발표된 이 희곡은 세 자매가 모스크바로 돌아가고자 하는 열망과 그들 삶의 비극적 상황을 다룹니다. 인물 간의 복잡한 관계와 삶의 무게를 통해 인간 존재의 고뇌를 표현하고 있습니다.

3. 《벚꽃 동산(Вишнёвый сад)》

체호프의 마지막 작품인 이 희곡은 귀족 가문이 소유한 동산의 경매를 통해 사회 변화와 인간의 무력함을 다루고 있습니다. 비극적이고도 코믹한 요소가 혼합되어 있어, 시대의 변화에 대한 체호프의 통찰력을 보여줍니다.

Урок 12

복습

Урок 07~11 복습하기

오늘의 주제
· · · · · · · ·

- 7 ~ 11강 내용 복습 & 말하기 연습
- 실전 테스트

MP3 바로 듣기

오늘의 복습 내용

Урок 07	☑ 소유 구문
	☑ 안부 묻고 답하기
	☑ 인칭대명사 생격 변화

1) 소유 구문

한국어	당신은	시간을	가지고 있나요?
러시아어	У вас	есть	время?

у + 생격

У тебя́ есть вре́мя?

너는 시간이 있니?

Да, у меня́ есть (вре́мя).

응, 나 시간 있어.

У него́ есть брат (сестра́)?

그는 형(누나)이 있나요?

2) 안부 묻고 답하기

(1) 안부 묻기

한국어	네가 가지고 있는	일들은	어때?
러시아어	Как	у тебя́	дела́?

у + 생격

де́ло(일) / дела́(일들)

⊘주의 소유구문은 생략이 가능함!

(2) 안부 답하기

хорошо́	좋다.	норма́льно	괜찮다. / 보통이다.
непло́хо	나쁘지 않다.	так себе́	그저 그래.

Как (у вас) дела́?

당신은 어떻게 지내세요?

Хорошо́, спаси́бо!

좋아요, 고마워요!

Как у неё дела́?

그녀는 어떻게 지내?

Непло́хо.

나쁘지 않아.

Уро́к 08
☑ 생격의 기본 용법 (~의)
☑ 명사 생격 어미

1) 생격의 기본 용법 (~의)

한국어	마샤의 가방

⬇

러시아어	가방　마샤의

어순이 반대!

2) 명사 생격 어미

남성	주격	자음	-й	-ь
	생격	+а	я	я

но́мер телефо́на

전화(телефо́н) 번호(но́мер)

коне́ц апре́ля

4월(апре́ль) 말(коне́ц)

여성	주격	-а	-я	-ь
	생격	ы	и	и

Сейча́с уро́к литерату́ры.

지금은 문학(литерату́ра) 수업(уро́к)이다.

Сеу́л - столи́ца Коре́и.

서울은 한국(Коре́я)의 수도(столи́ца)다.

중성	주격	-о	-е
	생격	а	я

те́ма письма́

편지(письмо́) 제목(те́ма)

а́дрес зда́ния

건물(зда́ние)의 주소(а́дрес)

Урок 09

- ☑ 부정 생격 용법
- ☑ 소유구문 & 생격 복습

·부정 생격 용법

한국어	나에게는	계획이	없다.
러시아어	У меня́	нет	пла́на.

부정하는 대상은 생격!

남성(он)	여성(она́)	중성(оно́)
а / я	ы / и	а / я

У Серге́я есть семья́?

세르게이(Серге́й)는 가족(семья́)이 있나요?

Нет, у него́ нет семьи́.

아뇨, 그는 가족이 없어요.

У них нет маши́ны.

그들은 자동차(маши́на)가 없다.

У нас нет яйца́.

우리는 달걀(яйцо́)이 없다.

Урок 10

- ☑ 의문사 '~어디서부터', 전치사 '~로부터'
- ☑ 출신지 묻고 답하기

1) 의문사 '~어디서부터', 전치사 '~로부터'

한국어	너는 어디에서 왔니?

⬇

러시아어	Откýда ты?

· **전치사 '~로부터'**

из + 생격 (국가, 도시)

2) 출신지 묻고 답하기

Откýда вы?　　　　　　　　　당신은 어디서 오셨나요?

Я из Корéи.　　　　　　　　　저는 한국(Корéя)에서 왔어요.

Я из Китáя.　　　　　　　　　저는 중국(Китáй)에서 왔어요.

Откýда студéнты?　　　　　　학생들은 어디서 왔니?

Они́ из Еврóпы.　　　　　　　그들은 유럽(Еврóпа)에서 왔어요.

Они́ из Áзии.　　　　　　　　그들은 아시아(Áзия)에서 왔어요.

Урок 11

☑ 동사 '기다리다'

☑ 명사 대격 변화 심화 (활동체 남성 명사)

1) 동사 '기다리다'

я	жду	мы	ждём
ты	ждёшь	вы	ждёте
он/она́	ждёт	они́	ждут

Я жду её.

나는 그녀를 기다린다.

Вы ждёте меня́?

너희는 나를 기다리는거야?

Да, ждём тебя́.

응, 너를 기다리고 있어.

2) 명사 대격(~을, 를) 변화 총 정리

남성 명사 중 살아있는 명사의 대격 = 생격			
친구	дру́га (대격)	=	дру́га (생격)
선생님	учи́теля (대격)	=	учи́теля (생격)

남성	주격	자음	-й	-ь
(활동체)	대격	+а	я	я

Ты ждёшь бра́та?

너는 형을 기다리니?

Мы не зна́ем Андре́я.

우리는 Андре́й를 모른다.

여성	주격	-а	-я	-ь
	대격	у	ю	ь

Он не ждёт Ма́шу.

그는 마샤를 기다리지 않는다.

Почему́ ты не слу́шаешь мать?

왜 너는 어머니 말을 듣지 않는 거니?

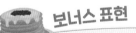 보너스 표현

토요일	일요일	만세!
суббо́та	**воскресе́нье**	**Ура́!**

잘했어요!	문제없어요!
Молоде́ц!	**Без проблéм!**

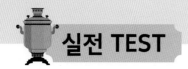
실전 TEST

1 음성을 듣고 일치하는 단어를 보기에서 고르세요. 🎧 MP3

① Ⓐ но́мер   Ⓑ столи́ца   Ⓒ норма́льно   Ⓓ семья́

② Ⓐ как   Ⓑ коне́ц   Ⓒ хлеб   Ⓓ яйцо́

③ Ⓐ япо́нец   Ⓑ япо́нка   Ⓒ америка́нец   Ⓓ америка́нка

2 다음 러시아어 문장의 우리말 뜻을 적어 보세요.

① У тебя́ есть вре́мя?

▶ _____

② Как у неё дела́?

▶ _____

③ Я из Коре́и.

▶ _____

④ Вы ждёте меня́?

▶ _____

3 제시된 우리말을 참고하여 다음 대화문을 완성해 보세요.

①

Ⓐ _____. А у тебя́ есть?

나는 사전이 없어. 너는 있니?

Нет, у меня́ то́же нет (словаря́).

Ⓑ _____.

아니, 나도 없어. 아마 안톤(Анто́н)은 있을거야.

②

Ива́н! Ⓐ _____?

이반! 너 밖에서 뭐하고 있는 거야?

Ⓑ _____.

교수님 기다리고 있어.

Ⓒ _____?

미국에서 오신 새로운 교수님 말하는 거야?

Да, Ⓓ _____.

응, 교수님은 미국인이셔.

Урок 13

Какóе у тебя́ хóбби?

취미가 뭐야?

오늘의 주제

· · · · · · · · ·

- 동사 '사랑하다 (love)' 활용
- 취미 묻고 말하기

오늘의 미션

· · · · · · · · ·

☑ 마샤는 여러분들을 매우 사랑합니다.

☑ 당신은 취미가 뭔가요?

MP3 바로 듣기

ры́ба

[릐바]

생선

шо́пинг / поку́пка

[쇼핀ㄲ / 빠꿉까]

쇼핑 / 구매

хо́бби

[호비]

취미

о́пера

[오뻬라]

오페라

свобо́дный

[스바보드늬]

자유로운, 비어 있는

америка́нский

[아미리깐스끼]

미국의

1 동사 '사랑하다, 좋아하다' люби́ть

люб -ить			
я	люблю́	мы	лю́бим
ты	лю́бишь	вы	лю́бите
он/она́	лю́бит	они́	лю́бят

> **주의** я 변화형에서만 자음 л이 추가!

- '~를 좋아하다' : люби́ть + 대격
- '~하는 것을 좋아하다' : люби́ть + 동사원형

Я люблю́ вас (тебя́).

나는 당신을 (너를) 사랑합니다.

Ты лю́бишь меня́?

너는 나를 사랑하니?

Мы лю́бим ру́сский язы́к.

우리는 러시아어를 사랑합니다.

Сын не лю́бит ры́бу.

아들은 생선을 좋아하지 않는다.

❷ 취미 묻고 답하기

(1) 취미 묻기	(2) 취미 답하기
Что вы лю́бите де́лать? 당신은 무엇을 하는 것을 좋아하나요?	Я люблю́ + 동사원형 저는 ~ 하는 것을 좋아합니다.
Како́е у вас хо́бби? 당신의 취미는 무엇인가요?	Моё хо́бби - 명사 또는 동사원형 제 취미는 ~ 입니다.

Что ты лю́бишь де́лать?

너는 뭐 하는 것을 좋아하니?

Я люблю́ слу́шать му́зыку.

나는 음악 듣는 것을 좋아해.

Де́ти лю́бят чита́ть кни́ги.

아이들은 책 읽는 것을 좋아해.

Како́е у тебя́ хо́бби?

너의 취미는 뭐니?

Моё хо́бби – смотре́ть фи́льмы.

내 취미는 영화감상이야.

На́ше хо́бби – шо́пинг / де́лать поку́пки.

우리의 취미는 쇼핑이야.

마샤쌤의 꿀팁 한 스푼

'хо́бби(취미)'는 발음에서 알 수 있듯이, 영어 단어 'hobby'를 그대로 차용해서 쓰는 단어입니다. 어떠한 문법 변화도 하지 않는 불변 명사로서, 철자와 상관없이 항상 중성 명사로 취급합니다. 또한 취미를 묻는 표현에서 '무엇인가요?'를 한국어 해석 그대로 의문사 'что(무엇)'를 쓰지 않도록 주의해 주세요!

Моё хо́бби - смотре́ть телеви́зор.

Что ты лю́бишь де́лать?

내 취미는 TV 시청이야. 너는 뭐 하는 것을 좋아하니?

Я бо́льше всего́ люблю́ слу́шать о́перу.

나는 무엇보다도 오페라를 보는 것을 좋아해.

추가 단어 бо́льше всего́ 무엇보다도, 가장

핵심 포인트

✔ '오페라를 본다'라는 표현은 한국어 해석과 달리 러시아어로는 '보다'가 아닌 '듣다 (слу́шать)' 동사를 사용합니다.

미션 클리어

★ 마샤는 여러분들을 매우 사랑합니다.
Ма́ша о́чень лю́бит вас.

★ 당신은 취미가 뭔가요?
Како́е у вас хо́бби?

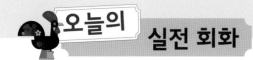

 Что ты лю́бишь де́лать в свобо́дное вре́мя?

너는 여가 시간에 뭐 하는 걸 좋아하니?

 (В свобо́дное вре́мя) я люблю́ смотре́ть фи́льмы.

나는 영화 보는 걸 좋아해.

 А каки́е фи́льмы ты ча́сто смо́тришь?

너는 어떤 영화를 자주 보니?

 Бо́льше всего́ мне нра́вится смотре́ть америка́нские фи́льмы.

미국 영화를 보는 걸 가장 좋아해.

추가 단어

в свобо́дное вре́мя
여가 시간에, 자유 시간에

 보너스 표현

걱정하지 마!
Не пережива́й!

1 주어진 단어들을 이용하여 러시아어로 올바르게 바꿔보세요.

❶ 나의 어머니는 음악 듣는 것을 좋아하신다. [мой, мать, люби́ть, слу́шать, му́зыка]

▶ _____

❷ 당신의 취미는 무엇인가요? [како́й, у, вы, хо́бби]

▶ _____

❸ 나는 너를 사랑하지 않는다. [я, не, люби́ть, ты]

▶ _____

2 다음 각 문장에서 <u>틀린</u> 부분을 찾아 고쳐 보세요.

❶ Мы лю́бим чита́ем кни́ги.   (우리는 책 읽는 것을 좋아한다.)

▶ _____

❷ Роди́тели о́чень лю́бят сын и дочь.   (부모님은 아들과 딸을 매우 사랑한다.)

▶ _____

❸ Что у тебя́ хо́бби?   (너는 취미가 뭐니?)

▶ _____

정답 p.261

볼가강 상류의 공업 도시, 니즈니노브고로드

니즈니노브고로드Нижний Новгород는 러시아의 중부 지역에 위치한 도시로, 모스크바와 상트페테르부르크 다음으로 중요한 러시아 문화와 경제의 중심지예요. 볼가 강과 오카 강이 만나는 곳에 자리한 이 도시는 아름다운 자연 경관과 풍부한 역사적 유산을 자랑하며, 중세부터 교역의 중심지로 번영해 왔어요. 러시아의 전통과 현대 문화가 조화롭게 어우러져 있는 니즈니노브고로드는 다양한 볼거리를 제공해 주는 매력적인 여행지랍니다.

니즈니노브고로드를 방문하면 가장 먼저 가 봐야 할 곳은 크렘린Кремль입니다. 이곳은 이 도시의 상징이자 역사적 중심지로, 16세기 초에 세워진 성벽과 탑들이 현재까지 남아 있어요. 크렘린 내부에는 대성당과 역사 박물관, 다양한 기념비들이 있어 도시의 과거와 현재를 한눈에 볼 수 있습니다. 성벽을 따라 걸으며 볼가 강의 멋진 풍경을 감상하는 것도 추천해요.

니즈니노브고로드의 또 다른 랜드마크 중 하나는 볼샤야 포크롭스카야 거리Большая Покровская улица입니다. 이곳은 도시의 주요 번화가로, 상점과 카페, 레스토랑이 즐비해 있고 거리 예술가들의 공연도 자주 열려 활기찬 분위기를 자아내요. 특히, 러시아의 전통 음식을 맛볼 수 있는 레스토랑과 개성 있는 기념품 가게들이 많아 여행자들이 즐겨 찾는 곳이에요.

현대 예술과 문화를 경험하고 싶다면 아르세날Арсенал 현대미술관을 추천해요. 이 미술관은 크렘린 내에 위치해 있는데, 현대 러시아 예술가들의 다양한 작품들을 전시하고 있어 예술 애호가들에게 인기가 많아요. 또한 미술관 근처에는 마카리예프스키 수도원Макарьевский монастырь이 있는데, 이 수도원은 배를 타고 볼가 강을 건너야만 접근할 수 있어 더욱 특별한 경험을 선사한답니다!

니즈니노브고로드 여행 TIP

러시아에서 가장 아름다운 도시 중 하나인 니즈니노브고로드에는 유럽에서 가장 긴 케이블카인 '니즈니노브고로드-보르 케이블카'가 있어요. 가격은 편도 100루블인데, 이 케이블카를 타면 볼가 강과 도시의 전경을 한눈에 볼 수 있어요.

Теперь мы не будем работать.

우리는 이제 일 안 할 거예요.

오늘의 주제

- 동사의 미래 시제
- be 동사 미래형

오늘의 미션

☑ 내일 그는 너를 기다릴 거야.
☑ 오늘 나는 일 안 할 거야.

MP3 바로 듣기

за́втра

[자f뜨라]

내일

послеза́втра

[뽀슬례쟈f뜨라]

내일모레

университе́т

[우니비르씨쩨ㄸ]

대학교

статья́

[스따ㅉ야]

(신문) 기사

гото́вить

[가또비ㅉ]

요리하다, 준비하다

суп

[쑤ㅃ]

수프

1 러시아어 동사의 미래 시제 (~할 것이다)

- быть 동사를 주어에 따라 바꿔 동사원형과 함께 사용

б-ыть			
я	бу́ду	мы	бу́дем
ты	бу́дешь	вы	бу́дете
он/она́	бу́дет	они́	бу́дут

быть 동사변형 + 동사원형

Что ты бу́дешь де́лать за́втра?

너는 내일 뭐 할 거야?

Я бу́ду чита́ть газе́ту.

나는 신문 읽을 거야.

Что вы бу́дете де́лать послеза́втра?

너희는 내일모레 뭐 할 거니?

Мы бу́дем смотре́ть ру́сский фильм.

우리는 러시아 영화를 볼 거야.

❷ be 동사 미래형 (~에 있을 것이다)

- 주로 '~일 것이다', '~에 있을 것이다'로 해석
- быть 동사를 주어에 따라 바꿔 사용

я	бу́ду	мы	бу́дем
ты	бу́дешь	вы	бу́дете
он/она́	бу́дет	они́	бу́дут

За́втра Ма́ша бу́дет до́ма.

마샤는 내일 집에 있을 것이다.

Ты бу́дешь здесь?

너 여기 있을 거야?

Да, бу́ду (здесь).

응, 여기 있을 거야.

У́тром друзья́ бу́дут в университе́те.

아침에 친구들은 대학교에 있을 것이다.

Но́чью они́ бу́дут в общежи́тии.

밤에 그들은 기숙사에 있을 것이다.

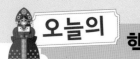

Сего́дня воскресе́нье.

У тебя́ есть пла́ны?

오늘은 일요일이네. 너는 계획이 있니?

Я бу́ду до́ма. Я бу́ду слу́шать му́зыку

и чита́ть кни́гу.

나는 집에 있을 거야. 음악 듣고 책 읽을 거야.

추가 단어 сего́дня 오늘

 핵심 포인트

✔ 상대방의 계획을 물어볼 때, 계획이 하나인지 여러 개인지 알 수 없지만 보통 계획 (план)의 복수형으로 표현합니다.

 미션 클리어

★ 내일 그는 너를 기다릴 거야.
  За́втра он бу́дет ждать тебя́.

★ 오늘 나는 일 안 할 거야.
  Сего́дня я не бу́ду рабо́тать.

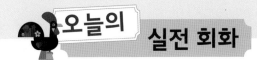
 Ребя́та, что вы бу́дете де́лать за́втра?

얘들아, 너희는 내일 뭐할 거니?

 Я бу́ду чита́ть статью́.

나는 기사를 읽을 거야.

 Я бу́ду про́сто сиде́ть до́ма.

나는 그냥 (어디 안 가고) 집에 있을 거야.

 Я бу́ду гото́вить ру́сский суп.

나는 러시아 수프를 요리할 거야.

추가 단어

сиде́ть до́ма
어디 가지 않고 집에 있다

 보너스 표현

힘내!
Держи́сь!

1 다음은 быть 동사의 변화표입니다. 빈칸을 채워 보세요.

я	❶	мы	бу́дем
ты	бу́дешь	вы	❷
он/она́	бу́дет	они́	❸

2 괄호 안에 있는 단어들을 사용하여 질문에 답해 보세요.

❶ Что Ма́ша бу́дет де́лать ве́чером? [звони́ть, Никола́й]

▶ _____

❷ Где студе́нты бу́дут за́втра? [они́, пло́щадь]

▶ _____

❸ Что вы бу́дете де́лать послеза́втра? [мы, слу́шать, о́пера]

▶ _____

정답 p.261

제시된 우리말을 참고하여, 낱말 퍼즐 안에 숨어있는 8가지 단어를 찾아 보세요.

н	ё	з	а́	в	т	р	а	ю	к
й	р	щ	с	л	и	г	л	ы	д
ж	к	о́	а	ф	с	о	ш	с	ь
ф	р	а́	ч	д	т	т	о́	п	з
и	ы́	л	о	ж	а	о́	п	о	й
н	б	м	ф	я	т	в	и	к	э
м	а	ё	ы	о́	ь	и	н	у́	ч
а	э	д	т	з	я́	т	г	п	е
т	д	ю	й	ы	д	ь	в	к	р
ь	в	а	х	о́	б	б	и	а	б

❶ 어머니	❺ 생선
❷ 쇼핑	❻ 구매
❸ 취미	❼ 내일
❹ (신문) 기사	❽ 요리하다, 준비하다

정답 p.266

Что вы бу́дете де́лать в суббо́ту?
토요일에 뭐 할 거예요?

오늘의 주제
. . . .

• 요일 표현 심화

• 과거 시제 & 미래 시제 복습

오늘의 미션
. . . .

☑ 화요일에 그는 나에게 전화하지 않을 것이다.

☑ 수요일에 그녀는 항상 드라마를 봤다.

MP3 바로 듣기

오늘의 단어

гуля́ть [굴랴쯔] 산책하다	**отдыха́ть** [앋디하쯔] 휴식하다
футбо́л [f푸드볼] 축구	**игра́ть** [이그라쯔] 놀다, (운동 경기를) 하다
выходно́й [v븨하드노이] 휴일의	**рома́н** [라만] 소설

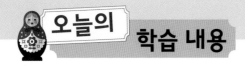
1 요일 표현

월	понеде́льник	금	пя́тница
화	вто́рник	토	суббо́та
수	среда́	일	воскресе́нье
목	четве́рг		

2 요일 표현 심화 (в + 대격)

в + 대격 (요일)			
~요일에			
월요일에	в понеде́льник	금요일에	в пя́тницу
화요일에	во вто́рник	토요일에	в суббо́ту
수요일에	в сре́ду	일요일에	в воскресе́нье
목요일에	в четве́рг		

В понеде́льник я звоню́ ма́ме.

나는 월요일에 엄마에게 전화한다.

Он был до́ма во вто́рник?

그는 화요일에 집에 있었니?

마샤쌤의 꿀팁 한 스푼

'вто́рник(화요일)'은 전치사 в와 함께 쓰면 자음이 여러 개 겹쳐 발음하기 힘들기 때문에 전치사 во를 사용합니다. 'среда́(수요일)'는 'в сре́ду(수요일에)'로 바뀔 때 강세가 이동하므로 특히 발음에 주의하셔야 합니다.

Почему́ ты не бу́дешь рабо́тать в сре́ду?

왜 너는 수요일에 일을 안 할 거니?

Где вы гуля́ли в четве́рг?

목요일에 너희는 어디에서 산책했니?

В пя́тницу Ма́ша бу́дет де́лать поку́пки.

금요일에 마샤는 쇼핑할 것이다.

Что де́лала твоя́ сестра́ в суббо́ту?

토요일에 너의 언니는 무엇을 했니?

В воскресе́нье мы бу́дем отдыха́ть на мо́ре.

일요일에 우리는 바다에서 쉴 것이다.

---

❶참고 대격 (여성명사)

주격	-a	-я	-ь
대격	y	ю	ь

Я о́чень люблю́ суббо́ту.

Что ты обы́чно де́лаешь в суббо́ту?

나는 토요일을 정말 좋아해. 너는 보통 토요일에 뭐해?

В суббо́ту я ничего́ не де́лаю.

Про́сто я отдыха́ю до́ма.

토요일에 나는 아무것도 안 해. 그냥 집에서 쉬어.

추가 단어 ничего́ 아무것도 | про́сто 그냥, 단지

핵심 포인트

✔ '<ничего́>'는 '아무것도(nothing)'라는 뜻 외에도, '괜찮다, 상관없다'라는 회화 표현 이기도 합니다. 일상 생활에서 자주 사용하는 표현이니 꼭 기억해주세요!

미션 클리어

 화요일에 그는 나에게 전화하지 않을 것이다.

Во вто́рник он не бу́дет звони́ть мне.

 수요일에 그녀는 항상 드라마를 봤다.

В сре́ду она́ всегда́ смотре́ла сериа́лы.

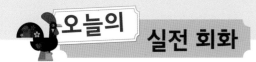

오늘의 실전 회화

Ты о́чень лю́бишь футбо́л!

Когда́ ты игра́ешь в футбо́л?

너 축구 엄청 좋아하는구나! 언제 축구를 하는 거야?

Я игра́ю в футбо́л во вто́рник и в четве́рг.

나는 화요일과 목요일에 축구를 해.

За́втра бу́дет выходно́й (день).

Что ты бу́дешь де́лать?

내일 쉬는 날이네. 뭐 할 거야?

Я бу́ду чита́ть но́вый ру́сский рома́н.

새로운 러시아 소설을 읽을 거야.

추가 단어

игра́ть в футбо́л 축구를 하다
выходно́й день 휴일 (день 생략 가능)

생일 축하해요!
С днём рожде́ния!

1 보기와 같이 요일 표현을 적절하게 바꿔 보세요.

보기	воскресéнье (일요일) ▶ в воскресéнье (일요일에)

❶ средá (수요일)　　　　　　　　　▶ _____ (수요일에)

❷ втóрник (화요일)　　　　　　　　▶ _____ (화요일에)

❸ пя́тница (금요일)　　　　　　　　▶ _____ (금요일에)

2 주어진 한국어 문장을 러시아어로 바꿔 보세요.

❶ 월요일에 나는 집에서 쉴 것이다.

▶ _____

❷ 토요일에 우리는 일하지 않는다.

▶ _____

❸ 당신은 목요일에 무엇을 했나요?

▶ _____

정답 p.262

러시아의 전통 악기와 춤

세계 여러 나라에는 각국의 전통 음악과 춤이 존재해요. 러시아의 전통 음악 역시 그 역사와 문화의 깊이를 반영하며, 독특한 악기와 춤을 통해 풍부한 예술적 표현을 이루어 내었어요. 이러한 전통 악기와 춤은 러시아의 다양한 민속 문화와 공동체의 정체성을 형성하는 데 중요한 역할을 합니다. 그 중 대표적인 전통 악기와 춤을 알아볼게요!

1. 전통 악기

발랄라이카(Балалайка)

삼각형 형태의 바디와 긴 목을 가진 현악기로, 농촌 음악에서 자주 사용됩니다. 발랄라이카는 여러 종류가 있으며, 높은 음과 낮은 음을 가진 다양한 음역을 제공해 풍부한 멜로디를 만들어냅니다.

돔브라(Домбра)

두 개의 현으로 구성된 악기로, 슬픈 멜로디를 연주합니다. 돔브라는 주로 서정적인 노래에 사용되며, 러시아의 민속 음악에서 독특한 감성을 전달합니다.

2. 전통 춤

호로보드(хоровод)

시베리아에서 유래된 전통 춤으로, 남녀가 함께 짝을 이루어 춤을 춥니다. 이 춤은 감정 표현이 강하며, 빠른 템포로 구성되어 관객을 매료시키는 매력이 있습니다.

코사크 춤(Казачий танец)

코사크 전통에서 기원한 춤으로, 남성의 힘과 용기를 강조하는 동작이 특징입니다. 남자들은 종종 높은 점프와 빠른 발놀림으로 강한 인상을 주며, 군사적 요소가 강조된 춤입니다.

베료즈카(Берёзка)

이 춤은 아름답고 우아한 동작과 독특한 기술로 유명한데, 특히 땅 위를 떠다니는 것처럼 보이는 무용수들의 움직임이 가장 큰 특징입니다. 주로 러시아의 자연, 계절, 전통적 삶을 주제로 하며, 특히 자작나무가 중요한 상징으로 등장합니다.

В Коре́е ле́том жа́рко.

한국은 여름에 더워.

오늘의 주제

- 날씨 표현 익히기
- 계절 표현

오늘의 미션

☑ 러시아는 여름에 덥니?

☑ 응, 더워. 하지만 습하진 않아.

MP3 바로 듣기

сего́дня	А́фрика
[씨보드냐]	[아리까]
오늘	아프리카

весна́	ле́то
[비쓰나]	[레따]
봄	여름

о́сень	жара́
[오씬]	[좌라]
가을	더위

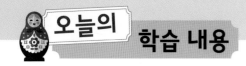

1 날씨 표현 (부사): 술어 역할

춥다	хо́лодно	따뜻하다	тепло́
덥다	жа́рко	선선하다	прохла́дно
화창하다	со́лнечно	습하다	вла́жно

Сего́дня о́чень хо́лодно.　　　　　오늘 너무 춥다.

На у́лице не жа́рко.　　　　　　　밖에 안 더워요.

2 계절 표현

봄에	весно́й	여름에	ле́том
가을에	о́сенью	겨울에	зимо́й

Весно́й тепло́ и со́лнечно.　　　　봄에 따뜻하고 화창하다.

Ле́том жа́рко и вла́жно.　　　　　여름에 덥고 습하다.

О́сенью со́лнечно и прохла́дно.　　가을에는 화창하고 선선하다.

Зимо́й хо́лодно.　　　　　　　　겨울에는 춥다.

 마샤쌤의 꿀팁 한 스푼

'봄, 여름'과 같은 계절 관련 어휘에 조격 변화를 적용하면 '~에(когда́)'라는 의미를 나타낼 수 있습니다. 이때 별도의 전치사는 필요 없고, 조격으로 바뀐 해당 어휘만 사용하면 됩니다. 이 용법은 일상 생활에서 자주 활용되는 표현이니 꼭 기억해 두세요. 주로 행위에 사용되는 도구나 수단을 나타내는 조격에 관해서는 추후 자세히 배우게 됩니다.

3 날씨 + 계절 + 장소 표현

В Коре́е весно́й тепло́.

한국은 봄에 따뜻하다.

В Росси́и ле́том не вла́жно.

러시아는 여름에 습하지 않다.

В А́фрике зимо́й не хо́лодно.

아프리카는 겨울에 춥지 않다.

В Евро́пе сейча́с прохла́дно.

지금 유럽은 선선하다.

> **❶참고** 여러 국가의 명칭
>
> | 러시아 | Росси́я | 한국 | Коре́я |
> |---|---|---|---|
> | 중국 | Кита́й | 일본 | Япо́ния |
> | 미국 | Аме́рика | 프랑스 | Фра́нция |
> | 스페인 | Испа́ния | 영국 | А́нглия |

오늘의 핵심 표현

Ура́! Ско́ро весна́. Я люблю́ весну́.

우와! (만세) 곧 봄이야. 나는 봄이 좋아.

Почему́ ты лю́бишь весну́?

너는 왜 봄이 좋니?

Потому́ что весно́й всегда́ тепло́ и со́лнечно.

왜냐하면 봄은 항상 따뜻하고 화창하기 때문이야.

추가 단어 ско́ро 곧

핵심 포인트

✔ 의미상 '곧 봄이야(Ско́ро весна́)' 문장은 시제가 미래형이지만, 일상 회화에서는 가까운 미래를 현재 시제로 표현하기도 합니다.

미션 클리어

⭐ 러시아는 여름에 덥니?
В Росси́и ле́том жа́рко?

⭐ 응, 더워. 하지만 습하진 않아.
Да, жа́рко. Но не вла́жно.

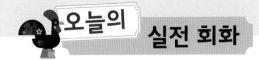

Како́е вре́мя го́да ты лю́бишь?

너는 어떤 계절 좋아해?

Я люблю́ о́сень.

О́сенью со́лнечно и прохла́дно.

가을을 좋아해. 가을에는 화창하고 선선해.

А я люблю́ ле́то. Ле́том я отдыха́ю на мо́ре.

나는 여름 좋아해. 여름에 바다에서 쉬거든.

Пра́вда? Мне не нра́вится жара́.

정말? 나는 더위가 싫어.

추가 단어

вре́мя го́да 계절

보너스 표현

새해 복 많이 받으세요!
С Но́вым го́дом!

오늘의 연습문제

1 보기와 같이 계절 표현을 적절하게 바꿔 보세요.

보기	ле́то (여름) ▶ ле́том (여름에)

❶ весна́ (봄)

▶ _____ (봄에)

❷ о́сень (가을)

▶ _____ (가을에)

2 다음 주어진 해석을 참고하여 문장에서 <u>틀린</u> 부분을 찾아 고쳐 보세요.

❶ Сего́дня о́чень хо́лодно.　　　　　(오늘 너무 덥다.)

▶ _____

❷ Росси́я ле́том не вла́жно.　　　　(러시아는 여름에 습하지 않다.)

▶ _____

❸ Вы лю́бите весна́?　　　　　　　(당신은 봄을 좋아하시나요?)

▶ _____

❹ Коре́я зимо́й прохла́дно.　　　　(한국은 겨울에 춥다.)

▶ _____

쉬어가기
퀴즈 Plus

아래 가로 세로 낱말 퀴즈를 풀어 보세요!

세로 열쇠	가로 열쇠
❷ 오늘	❶ 봄
❸ 휴식하다	❹ 산책하다
❺ 여름	❻ 소설
❽ 가을	❼ 축구

정답 p.266

Сколько вре́мени сейча́с?
지금 몇 시예요?

오늘의 주제

- 시간 묻고 답하기 표현
- 숫자 익히기 / 수사 문법

오늘의 미션

☑ 주어진 시계를 보고 몇 시인지 말해보기!

① 　② 　③ 　④

MP3 바로 듣기

오늘의 단어

час
[촤ㅆ]
시(hour)

ýтро
[우뜨라]
아침

день
[젠]
점심

вéчер
[볘쳬r]
저녁

ночь
[노취]
밤

рáно
[라나]
일찍

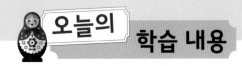

오늘의 학습 내용

❶ 시간 묻고 답하기 표현

1) 시간 묻기

| 한국어 | 지금 몇 시야? |

러시아어	몇	시야	지금?
	Ско́лько	вре́мени	сейча́с?
	(얼마나, 몇)	вре́мя(시간) 생격	

2) 시간 답하기: 수사 문법

숫자		시 (hour)
1	➕	час
2, 3, 4		часа́
5 ~ 20, 끝자리가 0인 수		часо́в

❷ 숫자 익히기 / 수사 문법

1	2	3	4	5	6	7
оди́н	два	три	четы́ре	пять	шесть	семь

8	9	10	11		12	
во́семь	де́вять	де́сять	оди́ннадцать		двена́дцать	

1시	оди́н час	2시	два часа́
4시	четы́ре часа́	8시	во́семь часо́в
12시	двена́дцать часо́в		

❸ 시간 답하기 표현 (오전 / 오후)

아침 6시 | шесть часов ← | утра́

'아침'이 수식!

아침	у́тро	утра́	점심	день	дня
저녁	ве́чер	ве́чера	밤, 새벽	ночь	но́чи

아침 10시	де́сять часо́в утра́	낮 3시	три часа́ дня
저녁 7시	семь часо́в ве́чера	새벽 1시	оди́н час но́чи

❹ 시간 표현 심화 (B + 대격: ~시에)

한국어 | | 러시아어

몇 시에 ~ ? | ▶ | **B + 대격 (시간표현)**
Во ско́лько вре́мени ~ ?

Обы́чно я смотрю́ но́вости в де́вять часо́в ве́чера.

나는 보통 저녁 9시에 뉴스를 본다.

Во ско́лько вре́мени вы бу́дете ждать меня́?

몇 시에 너희는 나를 기다릴 거니?

Мы бу́дем ждать тебя́ в оди́ннадцать часо́в утра́.

우리는 오전 11시에 너를 기다릴게.

마샤쌤의 꿀팁 한 스푼

'1시(оди́н час)' 표현에서 'оди́н'은 생략할 수 있습니다. 간단하게 'час'라고 말해도 됩니다.

오늘의 핵심 표현

Ужé дéвять часóв! Нáдо вставáть!
벌써 9시야! 일어나야 해!

Сегóдня суббóта. Не рабóтаю!
오늘 토요일이야. 일 안 하는 날이야!

추가 단어 | нáдо ~해야 한다 (+동사원형) | вставáть 일어나다

☆ 주어진 시계를 보고 몇 시인지 말해보기!

① три часá дня / нóчи

② четы́ре часá дня / нóчи

③ шесть часóв вéчера / утрá

④ дéвять часóв вéчера / утрá

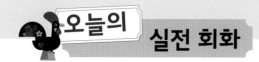

오늘의 실전 회화

 Что ты обы́чно де́лаешь в воскресе́нье у́тром? Ты за́втракаешь?

너는 보통 일요일 아침에 무엇을 하니? 너 아침 먹니?

 Коне́чно, я всегда́ за́втракаю.

물론이야. 나는 항상 아침 먹어.

 Здо́рово! Во ско́лько вре́мени за́втракаешь?

대단하다! 몇 시에 아침을 먹는데?

 Не ра́но. Обы́чно в де́сять часо́в (утра́).

일찍은 아니야. 보통 10시에 먹어.

> **TIP** 러시아어에는 '아침을 먹다' 라는 표현이 없습니다. 대신 자동사인 '아침 먹다 (за́втракать)', '점심 먹다(обе́дать)', '저녁 먹다(у́жинать)'를 각각 사용합니다. 동사 뒤에 목적어를 사용할 수 없으므로, 음식 관련 단어를 사용하지 않도록 주의해주세요!

 추가 단어

за́втракать 아침 먹다

 보너스 표현

메리 크리스마스!
С Рождество́м!

1 다음 보기와 같이 주어진 단어들로 짧은 대화문을 만들어 보세요.

> 보기 **читáть кни́гу, 4 часá**
>
> ▶ Во скóлько врéмени вы читáете кни́гу?
>
> ▶ Я читáю кни́гу в 4 часá.

❶ слýшать мýзыку, 6 часóв

▶ _____

▶ _____

❷ смотрéть телеви́зор, час

▶ _____

▶ _____

❸ ждать Ивáна, 11 часóв

▶ _____

▶ _____

정답 p.262

인류 최초의 우주비행사, 유리 가가린

유리 가가린Юрий Алексеевич Гагарин은 러시아의 우주 비행사로, 인류 최초로 우주에 간 인물입니다. 그의 비행은 우주 탐사의 역사에서 중요한 이정표로 여겨지며, 전 세계적으로 우주 탐사와 과학 기술에 대한 관심을 높이는 데 기여했습니다.

생애 및 업적

유리 가가린은 1934년 3월 9일 소련의 스몰렌스크주 클루시노에서 태어났습니다. 그는 가난한 농부의 아들로 자랐고, 어린 시절부터 비행에 대한 열정을 보였습니다. 고등학교를 졸업한 후, 그는 공군 비행학교에 입학하여 비행사로서의 경력을 쌓기 시작했고, 1960년에 소련 최초의 우주 비행사로 선정되었습니다.

1961년 4월 12일, 가가린은 소련의 우주선 보스토크 1호를 타고 세계 최초로 지구 궤도를 돌았습니다. 이 비행은 약 108분 동안 지속되었고, 가가린은 지구를 한 바퀴 도는 동안 약 1,600km를 비행했습니다. 그의 비행은 인류 역사에서 중요한 전환점이 되었으며, 우주 탐사의 새로운 시대를 여는 계기가 되었습니다.

우주 비행 이후 그는 전 세계에서 우주 영웅으로 인정받았으며, 수많은 국가에서 그의 비행을 기념하는 행사가 열렸습니다. 또한 우주 비행 이후에도 우주 프로그램에 계속 참여했습니다. 그는 소련 우주 프로그램의 발전을 위해 다양한 교육과 홍보 활동에 힘썼고, 인류가 우주를 탐험하는 데 기여했습니다. 그의 헌신은 오늘날까지도 우주 탐사의 상징으로 남아 있습니다.

유리 가가린은 인류의 우주 탐사에 대한 열망과 가능성을 상징하는 인물로 기억되고 있습니다. 그의 역사적인 비행은 과학과 인류의 꿈을 실현하는 데 큰 영향을 미쳤으며, 오늘날에도 많은 사람들에게 영감을 주고 있습니다. 그의 업적을 기리기 위해 매년 4월 12일은 '유리 가가린의 날'로 기념되고 있습니다.

Урок 18

Урок 13~17 복습하기

오늘의 주제
. . . .

• 13 ~ 17강 내용 복습 & 말하기 연습

• 실전 테스트

MP3 바로 듣기

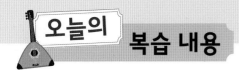

Урок 13	☑ 동사 '사랑하다 (love)' 활용
	☑ 취미 묻고 말하기

1) 동사 '사랑하다 (love)' 활용

я	люблю́	мы	лю́бим
ты	лю́бишь	вы	лю́бите
он/она́	лю́бит	они́	лю́бят

Я люблю́ вас.   나는 당신을 사랑합니다.

Ты лю́бишь меня́?   너는 나를 사랑하니?

Сын не лю́бит ры́бу.   아들은 생선을 좋아하지 않는다.

2) 취미 묻고 말하기

Что вы лю́бите де́лать?   당신은 무엇을 하는 것을 좋아하나요?

Я люблю́ слу́шать му́зыку.   저는 음악 듣는 것을 좋아해요.

Како́е у тебя́ хо́бби?   너의 취미는 뭐니?

Моё хо́бби – шо́пинг / де́лать поку́пки.   나의 취미는 쇼핑이야.

1) 동사의 미래 시제

я	бу́ду	мы	бу́дем
ты	бу́дешь	вы	бу́дете
он/она́	бу́дет	они́	бу́дут

Что ты бу́дешь де́лать за́втра?

너는 내일 뭐 할 거야?

Я бу́ду смотре́ть ру́сский фильм.

나는 러시아 영화를 볼 거야.

2) be 동사 미래형

- 주로 '~일 것이다', '~에 있을 것이다' 로 해석
- быть 동사를 주어에 따라 바꿔 사용

За́втра Ма́ша бу́дет до́ма.

마샤는 내일 집에 있을 것이다.

У́тром друзья́ бу́дут в университе́те.

아침에 친구들은 대학교에 있을 것이다.

Урок 15

☑ 요일 표현 심화
☑ 과거 시제 & 미래 시제 복습

요일 표현		В + 대격 (요일) ~요일에	
월요일	понеде́льник	월요일에	в понеде́льник
화요일	вто́рник	화요일에	во вто́рник
수요일	среда́	수요일에	в сре́ду
목요일	четве́рг	목요일에	в четве́рг
금요일	пя́тница	금요일에	в пя́тницу
토요일	суббо́та	토요일에	в суббо́ту
일요일	воскресе́нье	일요일에	в воскресе́нье

Она́ была́ до́ма во вто́рник?

그녀는 화요일에 집에 있었니?

Почему́ ты не бу́дешь рабо́тать в сре́ду?

왜 너는 수요일에 일을 안 할 거니?

В пя́тницу Ма́ша бу́дет де́лать поку́пки.

금요일에 마샤는 쇼핑할 것이다.

Что де́лал твой брат в суббо́ту?

토요일에 너의 형은 무엇을 했니?

В воскресе́нье мы бу́дем отдыха́ть на мо́ре.

일요일에 우리는 바다에서 쉴 것이다.

Урок 16 ☑ 날씨 표현 익히기
☑ 계절 표현

1) 날씨 표현

춥다	хо́лодно	따뜻하다	тепло́
덥다	жа́рко	선선하다	прохла́дно
화창하다	со́лнечно	습하다	вла́жно

Сего́дня о́чень хо́лодно.

오늘 너무 춥다.

На у́лице не жа́рко.

밖에 안 더워요.

2) 계절 표현

봄에	весно́й	여름에	ле́том
가을에	о́сенью	겨울에	зимо́й

В Коре́е весно́й тепло́.

한국은 봄에 따뜻하다.

Ле́том жа́рко и вла́жно.

여름에 덥고 습하다.

О́сенью со́лнечно и прохла́дно.

가을에는 화창하고 선선하다.

В Росси́и зимо́й хо́лодно.

러시아는 겨울에 춥다.

Урок 17	☑ 시간 묻고 답하기 표현	
	☑ 숫자 익히기	
	☑ 수사 문법	

1) 시간 묻고 답하기 표현

한국어	지금 몇 시야?

러시아어	몇	시야	지금?
	↓	↓	↓
	Скóлько	врéмени	сейчáс?
	(얼마나, 몇)	врéмя(시간) 생격	

2) 숫자 익히기 / 수사 문법

1	2	3	4	5	6	7
одѝн	два	три	четы́ре	пять	шесть	семь

8	9	10	11	12
вóсемь	дéвять	дéсять	одѝннадцать	двенáдцать

숫자		시 (hour)
1		час
2, 3, 4	⊕	часá
5 ~ 20, 끝자리가 0인 수		часóв

2시	два часá	4시	четы́ре часá
8시	вóсемь часóв	12시	двенáдцать часóв

아침	у́тро	утра́	점심	день	дня
저녁	ве́чер	ве́чера	밤, 새벽	ночь	но́чи

아침 9시	де́вять часо́в утра́	낮 1시	оди́н час дня
저녁 6시	шесть часо́в ве́чера	새벽 3시	три часа́ но́чи

3) 시간 표현 심화 (~시에) : В + 대격 (시간 표현)

Ма́ша бу́дет ждать тебя́ в семь часо́в утра́.

마샤는 아침 7시에 너를 기다릴 거다.

Мы всегда́ слу́шаем му́зыку в де́сять часо́в ве́чера.

우리는 항상 저녁 10시에 음악을 듣는다.

 보너스 표현

걱정하지 마!

Не переживáй!

힘내!

Держи́сь!

생일 축하해요!

С днём рождéния!

새해 복 많이 받으세요!

С Нóвым гóдом!

메리 크리스마스!

С Рождествóм!

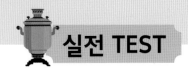

실전 TEST

1 음성을 듣고 일치하는 단어를 보기에서 고르세요. 🎧 MP3

① Ⓐ о́пера Ⓑ Áфрика Ⓒ о́сень Ⓓ ночь

② Ⓐ день Ⓑ жара́ Ⓒ игра́ть Ⓓ суп

③ Ⓐ час Ⓑ про́сто Ⓒ ничего́ Ⓓ шо́пинг

2 다음 러시아어 문장의 우리말 뜻을 적어 보세요.

① Я люблю́ вас.

▶ _____

② Что ты бу́дешь де́лать за́втра?

▶ _____

③ В воскресе́нье мы бу́дем отдыха́ть на мо́ре.

▶ _____

④ Моё хо́бби – шо́пинг / де́лать поку́пки.

▶ _____

3 제시된 우리말을 참고하여 다음 대화문을 완성해 보세요.

❶

Ⓐ _____! На́до встава́ть!

벌써 9시야! 일어나야 해!

Ⓑ _____. Не рабо́таю!

오늘 토요일이야. 일 안 하는 날이야!

❷

Ⓐ _____?

너는 어떤 계절 좋아해?

Я люблю́ о́сень.

Ⓑ _____.

가을을 좋아해. 가을에는 화창하고 선선해.

А я люблю́ ле́то. Ⓒ _____.

나는 여름 좋아해. 여름에 바다에서 쉬거든.

Пра́вда? Ⓓ _____.

정말? 나는 더위가 싫어.

Ты идёшь в шко́лу?

너 학교 가니?

오늘의 주제
. . . .

• 동작 동사 개념
• '가다' (걸어서 이동)

오늘의 미션
. . . .

☑ 아침에 그는 항상 경기장에 간다.
☑ 당신도 은행에 가는 중인가요?

MP3 바로 듣기

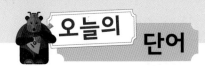

библиоте́ка

[비블리아쩨까]

도서관

бассе́йн

[바쎄인]

수영장

ско́ро

[스꼬라]

곧

куда́

[꾸다]

(의문사) 어디로

фи́тнес-клуб

[f피뜨니쓰끌루ㅃ]

헬스클럽

туда́

[뚜다]

거기로, 그곳으로

① 동작동사 개념

가다, 수영하다, 뛰다, 오다, 날다 등 '움직임, 이동'과 관련된 동사

- '움직임'과 관련된 동사들을 하나의 그룹으로 묶음 (운동동사, 이동동사라고도 부름)
- 이동방향에 따라 '정태 동사, 부정태 동사' 두 형태로 나뉨
- 방향을 나타낼 때는 반드시 '~로' (куда́) 용법과 쓰임

정태 동사	부정태 동사
정해진 한 방향으로 이동	여러 방향 이동 / 왕복

② 동작 동사 + 방향 (~로)

в / на + 대격 (장소 표현)	
в	на
- 막힌 공간 - 경계가 있는 곳 (국가, 도시 등)	- 열린 공간 (open) - 자연 환경 (산, 바다, 호수 등)

③ '가다' (걸어서 한 방향으로 이동) идти́

- 정해진 한 방향으로 걸어서 이동 (정태 동사)

ид -ти́			
я	иду́	мы	идём
ты	идёшь	вы	идёте
он/она́	идёт	они́	иду́т

✔주의 동사 변화형이 불규칙!

Я иду́ в теа́тр.

Он идёт в шко́лу.

Сейча́с мы идём на пло́щадь.

Вы идёте в бассе́йн?

나는 극장으로 간다.

그는 학교로 간다.

우리는 지금 광장으로 가고 있다.

당신은 수영장으로 가고 있나요?

4 '가다' (걸어서 여러 방향으로 이동) ходи́ть

- 정해지지 않은 여러 방향으로 걸어서 이동 (부정태 동사)

ход -и́ть			
я	хожу́	мы	хо́дим
ты	хо́дишь	вы	хо́дите
он/она́	хо́дит	они́	хо́дят

🔵주의 주로 '~로 다니다, 갔다 오다' 라는 의미!

Ма́ша хо́дит в университе́т.

마샤는 대학교에 다닌다.

Ты ча́сто хо́дишь в библиоте́ку?

너는 도서관에 자주 다니니?

Они́ обы́чно хо́дят в кафе́ 《Ста́рбакс》.

그들은 보통 스타벅스 카페에 간다.

Алло́! До́брый день!

Ты идёшь в магази́н?

여보세요! 안녕! (좋은 점심) 너는 상점에 가는 중이니?

Нет, иду́ в университе́т. Ско́ро уро́к.

아냐, 나 대학교에 가고 있어. 곧 수업이야.

추가 단어 магази́н 상점, 가게

핵심 포인트

✓ '상점(магази́н)'의 발음이 영어 단어 '잡지(magazine)'와 유사해서 헷갈리는 경우가 많습니다. 뜻이 전혀 달라지므로 꼭 유의하여 암기해주세요!

미션 클리어

★ 아침에 그는 항상 경기장(стадио́н)에 간다.

У́тром он всегда́ хо́дит на стадио́н.

★ 당신도 은행(банк)에 가는 중인가요?

Вы то́же идёте в банк?

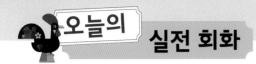

오늘의 실전 회화

Са́ша, приве́т! Куда́ ты идёшь?

싸샤야, 안녕! 너는 어디 가는 길이니?

Я иду́ в фи́тнес-клуб.

나는 헬스 가고 있어.

Как ча́сто ты хо́дишь туда́?

너는 얼마나 자주 헬스를(그곳으로) 가니?

Я хожу́ (туда́) ка́ждый день.

나는 매일 가.

> **TIP** 동작동사를 사용하는 의문문에서 이동 방향을 물어볼 때 반드시 의문사 'куда́(어디로)'를 써야 합니다. 한국어 해석으로는 의문사 'где(어디에)'가 자연스럽게 느껴질 수 있어 실수하는 경우가 많습니다. 꼭 암기해 주세요!

추가 단어

ка́ждый день 매일

보너스 표현

환영합니다!
Добро́ пожа́ловать!

1 다음은 идти́ 동사의 변화표입니다. 빈칸을 채워 보세요.

я	❶	мы	❷
ты	идёшь	вы	идёте
он/она́	идёт	они́	❸

2 주어진 한국어 문장을 러시아어로 바꿔 보세요.

❶ 우리는 대학교에 다녀요.

▶ _____

❷ 아이들은 경기장으로 가고 있다.

▶ _____

❸ 아들은 도서관에 다니지 않는다.

▶ _____

정답 p.262

흑해 연안의 휴양 도시, 소치

소치Сочи는 러시아 남부 흑해 연안에 위치한 도시로, 온화한 기후와 아름다운 자연 경관을 자랑하는 대표적인 휴양지예요. 사계절 내내 매력을 발산하는 소치는 여름에는 해변에서 휴식을 취하고 겨울에는 산에서 스키를 즐길 수 있어서, 많은 관광객들이 찾는 러시아의 인기 여행지랍니다. 또한 이곳은 전통과 현대가 조화롭게 어우러져 있어 다양한 볼거리와 즐길 거리를 제공하고 있어요.

소치를 방문하면 가장 먼저 가 봐야 할 곳은 소치 올림픽 공원Сочинский Олимпийский парк입니다. 이곳은 2014년 동계 올림픽이 개최된 장소로, 올림픽 경기장과 다양한 기념물들이 자리하고 있어 올림픽 당시의 열기를 아직까지 느낄 수 있어요. 넓은 공원을 산책하며 흑해의 바다와 소치의 도시 경관을 함께 즐기는 것도 추천합니다.

소치에서 놓칠 수 없는 또 다른 장소는 소치 아트 뮤지엄Сочинский художественный музей입니다. 이 박물관은 다양한 러시아 예술 작품들이 전시되어 있는 문화 공간으로, 다양한 작품들을 감상할 수 있어 예술 애호가들에게 인기가 많아요.

소치에서 자연을 느끼고 싶다면 카프카스 국립자연보호구역을 추천해요. 이곳은 협곡과 폭포, 드넓은 숲이 어우러져 하이킹을 즐기기에 최적의 장소입니다. 소치의 자연 속에서 흑해의 바다와 산을 동시에 경험할 수 있어 자연을 사랑하는 여행객들에게 특별한 경험을 선사해 줍니다.

마지막으로, 소치의 해안선을 따라 펼쳐진 해변은 여름철에 특히 많은 관광객들이 찾는 장소입니다. 따뜻한 햇살 아래에서 휴식을 취하거나 요트 투어와 같은 해양 액티비티를 즐기며 소치에서의 잊지 못할 추억을 만들 수 있을 거예요.

소치 여행 TIP

소치는 여름과 겨울 모두 즐길 거리가 많지만, 목적에 따라 시기를 선택하는 것이 중요해요. 해변과 해양 액티비티를 즐기고 싶다면 6월에서 9월 사이가 최적이며, 스키나 겨울 스포츠를 즐기고 싶다면 12월에서 2월에 방문하는 것이 좋아요.

Я éду на Восто́чное мо́ре.

나 동해 가는 중이야.

오늘의 주제

- 동작 동사 정태동사 – 부정태 동사(2)
- '가다' (타고 이동)

오늘의 미션

- ☑ 당신은 러시아에 자주 가나요?
- ☑ 나는 지금 부산 가는 중이야.

MP3 바로 듣기

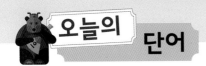
аэропо́рт

[아에라뽀르떼]

공항

Пуса́н

[뿌싼]

부산

бизнесме́н

[비즈니스멘]

사업가

Восто́чное мо́ре

[바스또취나예 모례]

동해

универма́г

[우니비르맠]

백화점

опя́ть

[아빠쯔]

또, 다시

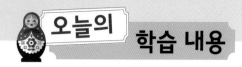

1 '가다' (타고 한 방향으로 이동) éхать

- 정해진 한 방향으로 타고 이동 (정태 동사) [교통수단 이용]

é -хать			
я	éду	мы	éдем
ты	éдешь	вы	éдете
он/онá	éдет	они́	éдут

✔주의 동사 변화형이 불규칙!

Я éду в аэропóрт.

나는 공항(аэропóрт)으로 가고 있다.

Мы éдем в дерéвню.

우리는 시골(дерéвня)로 가고 있다.

Вы éдете на мóре?

너희는 바다로 가고 있니?

 마샤쌤의 꿀팁 한 스푼

동작동사를 사용할 때, 이동하고자 하는 목적지를 전치사 в 또는 на를 쓰고 난 후에 대격으로 나타내야 합니다.

2 '가다' (타고 여러 방향으로 이동) éздить

- 정해지지 않은 여러 방향으로 타고 이동 (부정태 동사)   [교통수단 이용]

éзд -ить			
я	éзжу	мы	éздим
ты	éздишь	вы	éздите
он/она́	éздит	они́	éздят

✅주의 주로 '~로 다니다, 갔다 오다' 라는 의미!

Ты ча́сто éздишь в Пуса́н?

너는 부산(Пуса́н)에 자주 다니니?

Бизнесме́ны иногда́ éздят в Аме́рику.

사업가들은 가끔 미국(Аме́рика)에 간다.

Ле́том на́ша семья́ éздит на Восто́чное мо́ре.

여름에 우리 가족은 동해에 간다(다닌다).

🔴참고 비활동체 명사 대격 변화

남성 명사	대격 = 주격	자음	-й	-ь
		자음	-й	-ь
여성 명사	주격	-а	-я	-ь
	대격	у	ю	ь
중성 명사	대격 = 주격	-о	-е	-мя
		-о	-е	-мя

(в автóбусе)

Почемý ты éдешь в аэропóрт?

(버스 안에서) 왜 너는 공항에 가고 있니?

Я там рабóтаю. Я éзжу в аэропóрт

кáждый день.

거기에서 나는 일해. 매일 공항에 가.

추가 단어 в автóбусе 버스 안에서

핵심 포인트 ✔ 영어 단어(airport) 발음과 유사한 '공항(аэропóрт)'은 전치사 в와 함께 쓰는 경우, 한 번에 발음[바에라쁘르뜨]하는 연습을 많이 해 주세요!

미션 클리어 ★ 당신은 러시아에 자주 가나요?
Вы чáсто éздите в Россúю?

★ 나는 지금 부산 가는 중이야.
Сейчáс я éду в Пусáн.

Где ма́ма? Её нет до́ма.

엄마 어디에 있니? 집에 없네.

Мо́жет быть, она́ е́дет в универма́г.

아마 백화점에 가는 중일 거예요.

Опя́ть в универма́г? Почему́ она́ е́дет туда́?

또 백화점에? 왜 가는 건데?

Не зна́ю. Она́ лю́бит е́здить туда́.

몰라요. 엄마는 백화점 가는(다니는) 걸 좋아해요.

⊘TIP '~로 가는(다니는) 것을 좋아하다'라는 표현을 쓸 때는 люби́ть 동사 다음에 항상 부정태 동사를 사용합니다. 어떤 장소에 가는 것을 좋아한다면 한 번만 가는 게 아니라, 왔다 갔다 자주 왕복해서 간다는 의미를 생각하면 쉽게 이해 가 될 겁니다.

괜찮습니다!

Ничего́ стра́шного!

오늘의 연습문제

1 다음 보기와 같이 주어진 단어들을 사용하여 문장을 만들어 보세요.

> 보기 **Ве́ра, идти́, магази́н** ▶ Ве́ра идёт в магази́н.

① де́ти, ходи́ть, шко́ла

▶ _____

② мы, е́хать, пло́щадь

▶ _____

③ лю́ди, идти́, музе́й

▶ _____

④ ле́том, я, е́здить, мо́ре

▶ _____

2 다음 문장에서 <u>틀린</u> 부분을 찾아 고쳐 보세요.

① Вы е́дете на аэропо́рт?

▶ _____

② Бизнесме́ны ча́сто е́дут в Пуса́н.

▶ _____

정답 p.262

쉬어가기
실력 Plus

제시된 우리말을 참고하여, 낱말 퍼즐 안에 숨어있는 8가지 단어를 찾아 보세요.

ф	é	ш	ф	ч	п	а	й	ы	ё
о	а	э	р	о	п	ó	р	т	щ
в	н	с	к	ó	р	о	ь	ш	з
с	ó	á	г	ю	н	ý	ф	с	е
т	д	ж	ч	у	б	т	м	р	у
а	у	н	и	в	е	р	м	á	г
в	р	ю	н	в	й	о	ж	н	ф
á	у	ы	з	ф	к	х	а	о	ы
т	б	и	з	н	е	с	м	é	н
ь	л	б	а	с	с	é	й	н	к

❶ 아침

❷ 일어나다

❸ 곧

❹ 사업가

❺ 일찍

❻ 수영장

❼ 공항

❽ 백화점

정답 p.266

Урок 21

Ты éдешь на автóбусе?

버스 타고 가니?

오늘의 주제

· · · · · · · ·

- 의문사 '어디로' (кудá)
- 동작동사 + 교통수단 표현

오늘의 미션

· · · · · · · ·

☑ 너는 매일 어디에 (걸어서) 다니는 거니?

☑ 스베따는 지하철을 타고 광장에 가고 있다.

MP3 바로 듣기

 오늘의 단어

автобус [아f또부ㅆ] 버스	**по́езд** [뽀예스ㄸ] 기차
метро́ [미뜨로] 지하철	**такси́** [딱씨] 택시
кинотеа́тр [끼나찌아뜨ㄹ] 영화관	**пешко́м** [삐슈꼼] 걸어서, 도보로

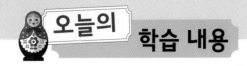

① 의문사 '어디로' куда́

- 이동방향이나 목적지를 묻는 의문사
- 동작동사가 있는 의문문에서 주로 쓰임!

	정태	부정태
걸어서	идти́	ходи́ть
타고	е́хать	е́здить

Куда́ ты идёшь?

너 어디 (걸어서) 가니?

Я иду́ в рестора́н.

나 레스토랑 가고 있어.

Куда́ вы е́дете?

너희는 어디 (타고) 가는 중이야?

Мы е́дем на мо́ре.

우리는 바다 가는 중이야.

Куда́ Ма́ша хо́дит ка́ждый день?

마샤는 매일 어디에 (걸어서) 다니니?

Куда́ бра́тья е́здят в суббо́ту?

형들은 토요일에 어디에 (타고) 다니니?

❷ 동작동사 + 교통수단 표현 (~를 타고)

на + 전치격(교통수단)

Я éду в аэропóрт на маши́не.

나는 차를 타고 공항에 가고 있다.

Мы éздим в шкóлу на автóбусе.

우리는 버스를 타고 학교에 다닌다.

Они́ éдут в дерéвню на пóезде.

그들은 기차를 타고 시골에 가고 있다.

Ива́н éздит в университéт на метрó(불변).

이반은 지하철을 타고 대학교에 다닌다.

Почемý ты éдешь на стадиóн на такси́(불변)?

왜 너는 택시를 타고 경기장에 가고 있니?

---

❶참고 전치격 어미

남성(он)	여성(она́)	중성(онó)
자음 (+e)	-а (е)	-о (е)
-й (е)	-я (е)	-е (е)
-ь (е)	-ь (и)	

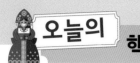

오늘의 핵심 표현

Алло́! Ты в по́езде? Куда́ ты е́дешь?

여보세요! 너 기차 안이야? 어디 가?

В Сеу́л. Обы́чно я е́зжу в Сеу́л на по́езде.

서울에 가. 나는 보통 기차를 타고 서울에 다녀.

핵심 포인트

✔ 교통수단 표현은 함께 쓰는 전치사에 따라 의미가 달라집니다. '~를 타고' 의미로는 전치사 на와, '~(교통수단) 안에' 의미로는 전치사 в를 씁니다. 헷갈릴 수 있으니 잘 구분해 주세요!

미션 클리어

☆ 너는 매일 어디에 (걸어서) 다니는 거니?

Куда́ ты хо́дишь ка́ждый день?

☆ 스베따는 지하철을 타고 광장에 가고 있다.

Све́та е́дет на пло́щадь на метро́.

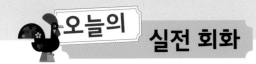

실전 회화

(на у́лице) (길거리에서)

 Приве́т, Ди́ма! Куда́ ты идёшь?

지마야, 안녕! 어디 가?

 Приве́т! Сейча́с иду́ в кинотеа́тр.

안녕! 나 영화관에 가고 있어.

 Почему́ ты идёшь (туда́) пешко́м?

왜 영화관에 걸어가?

 Э́то бли́зко. Иногда́ е́зжу туда́ на маши́не.

가까워. 가끔 차로 가기도 해.

> 💬 TIP 'идти́' 동사에는 이미 '걸어서' 이동한다는 의미가 내포되어 있지만, 문맥에 따라 '도보로, 걸어서'라는 의미를 강조
> 하기 위해서 부사 'пешко́м'을 함께 쓰기도 합니다.

 보너스 표현

오랜만이다! 이게 누구야!

Кого́ я ви́жу!

 **연습문제**

1 괄호 안에 주어진 동사를 문장에 맞게 변화시키세요.

❶ Ты [идти́] в библиоте́ку?

▶ _____

❷ Я ча́сто [ходи́ть] в кинотеа́тр.

▶ _____

❸ Куда́ вы [е́здить] ле́том?

▶ _____

2 주어진 한국어 표현을 러시아어로 바꿔 문장을 완성해 보세요.

❶ Ма́ша и Со́ня е́дут (버스를 타고 수영장에).

▶ _____

❷ Студе́нт е́дет (지하철을 타고 대학교에).

▶ _____

❸ Мы е́здим (기차를 타고 바다에).

▶ _____

정답 p.263

러시아 문화의 꽃, 발레

러시아 문화를 이야기할 때 빠질 수 없는 것이 바로 '러시아 발레'겠죠? 러시아 발레는 그 자체로 하나의 예술 장르로, 오랜 역사와 전통을 자랑합니다. 뛰어난 기술과 예술성을 겸비한 러시아 발레는 오늘날에도 여전히 많은 이들에게 영감을 주고 있어요.

1. 역사적 배경

러시아에서 발레는 18세기 초, 이탈리아와 프랑스의 영향을 받아 도입되었습니다. 유럽 문화를 수용하려고 했던 표트르 대제의 영향으로, 이 시기부터 발레 공연이 러시아 궁정에서 개최되기 시작했어요. 그리고 1735년에는 러시아 최초의 발레 학교가 설립되어 기본적인 기법과 교육이 이루어졌습니다. 이후 19세기와 20세기에 황금기를 맞이하면서 러시아 발레는 전 세계적으로 유명해졌죠.

2. 주요 작품

러시아 발레에는 여러 유명한 작품들이 있습니다. 19세기에 창작된 '호두까기 인형Щелкунчик', '백조의 호수Лебединое озеро', '지젤Жизель' 등은 특히 많은 사랑을 받고 있으며, 현재까지도 러시아 발레의 상징으로 자리잡고 있습니다.

3. 대표적인 발레 극단

러시아에는 세계적으로 유명한 발레 극단들이 있습니다. 그중에서도 모스크바 볼쇼이 극장Большой театр과 상트페테르부르크 마린스키 극장Мариинский театр이 가장 유명합니다. 이들 극장은 뛰어난 발레 공연으로 세계 각국의 관객들에게 사랑받고 있으며, 많은 유명 발레리나와 무용수들이 이곳에서 활동했습니다.

Урок 22

Когда́ ты идёшь домо́й?
집에 언제 갈 거야?

오늘의 주제
· · · · · · · ·

- 동작 동사 과거형
- 방향 부사 (집으로, 여기로, 저기로)

오늘의 미션
· · · · · · · ·

☑ 안톤은 아침에 어디에 (걸어) 다녀왔니?

☑ 부모님은 택시 타고 집에 가고 있다.

MP3 바로 듣기

오늘의 단어

рынок [릐늑] 시장	**магазин** [마가진] 상점(가게)
сюда [쓔다] 여기로	**Владивосток** [블라지바스똑] 블라디보스톡
старый [스따릐] 오래된, 낡은	**остров** [오스뜨라f] 섬

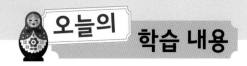

오늘의 학습 내용

1 방향 부사 (~로)

집으로	여기로	저기로(거기로)
домо́й	сюда́	туда́

Куда́ вы идёте?　　　　　　　　당신은 어디 (걸어서) 가나요?

Я иду́ домо́й.　　　　　　　　저는 집으로 걸어가고 있어요.

Он е́дет туда́ на такси́.　　　그는 거기로 택시 타고 가고 있어요.

방향 부사 (~로) vs 장소 부사 (~에)

~로 (куда́)	집으로	여기로	저기로(거기로)
	домо́й	сюда́	туда́
~에 (где)	집에	여기에	저기에(거기에)
	до́ма	здесь	там

Ты е́дешь домо́й?　　　　너는 집에 (타고) 가니?
до́ма(x)

Мы хо́дим туда́ ка́ждый день.　우리는 거기에 매일 (걸어) 다닌다.
там(x)

② 부정태 동사 과거형 (갔다 오다 / 다녀오다)

ходи́ть(걸어서 갔다 오다 / 다녀오다)			
(남성) л	(여성) ла	(중성) ло	(복수) ли
ходи́л	ходи́ла	ходи́ло	ходи́ли

🗨️**주의** 주어에 따라 과거형 어미를 붙임!

е́здить(타고 갔다 오다 / 다녀오다)			
(남성) л	(여성) ла	(중성) ло	(복수) ли
е́здил	е́здила	е́здило	е́здили

🗨️**주의** 주어에 따라 과거형 어미를 붙임!

Вчера́ Ма́ша ходи́ла на ры́нок.

어제 마샤는 시장에 (걸어서) 다녀왔다.

Когда́ ты е́здил в Росси́ю?

너(남)는 언제 러시아에 다녀왔니?

Кто ходи́л в магази́н?

누가 상점에 (걸어서) 갔다 왔니?

Ра́ньше мы ча́сто е́здили сюда́.

예전에 우리는 여기에 자주 (타고) 왔었다.

Ты идёшь(éдешь) домóй?

Сейчáс я идý(éду) на ýлицу Арбáт.

너 집에 가니? 나는 지금 아르바트 거리에 가고 있어.

Там óчень интерéсно!

Вчерá я ходи́ла тудá.

그 곳은 엄청 재미있어! 나는 어제 거기 다녀왔어.

핵심 포인트

✓ '아르바트 거리(ýлица Арбáт)'는 러시아의 대표 관광지 중 하나로서, 러시아의 거리 문화와 예술을 느낄 수 있는 곳입니다. 거리 곳곳에서 그림을 그려 주는 무명의 화가들을 만날 수 있고, 다양한 기념품을 파는 상점들과 러시아 음식을 맛볼 수 있는 레스토랑이 있습니다.

미션 클리어

⭐ 안톤은 아침에 어디에 (걸어) 다녀왔니?

Кудá Антóн ходи́л ýтром?

⭐ 부모님은 택시 타고 집에 가고 있다.

Роди́тели éдут домóй на такси́.

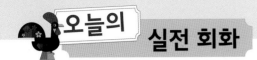
오늘의 실전 회화

Ле́том я е́здила во Владивосто́к.

나는 여름에 블라디보스톡에 다녀왔어.

Интере́сно! Почему́ ты е́здила туда́?

흥미롭다! 왜 너는 거기에 갔다 온 거야?

Там живёт моя́ ста́рая подру́га.

А куда́ ты е́здил?

거기에 나의 오랜 친구가 살고 있어. 그럼 너는 어디 갔다 왔어?

Я е́здил на о́стров Чеджу.

나는 제주도 갔다 왔어.

보너스 표현

솔직히 말해서

Че́стно говоря́

오늘의 연습문제

1 주어진 한국어 뜻을 참고하여 표를 완성하세요.

~로 (куда́)	집으로	여기로	저기로(거기로)
	❶	сюда́	❸
~에 (где)	집에	여기에	저기에(거기에)
	до́ма	❷	там

2 다음 보기와 같이 주어진 문장을 과거형으로 바꿔 보세요.

> 보기 ◀ Сын идёт в кафе́. ▶ Вчера́ он ходи́л в кафе́.

❶ Друзья́ е́дут на о́стров.

▶ _____

❷ Мы идём в больни́цу.

▶ _____

❸ Ма́ша е́дет в рестора́н.

▶ _____

정답 p.263

아래 가로 세로 낱말 퀴즈를 풀어 보세요!

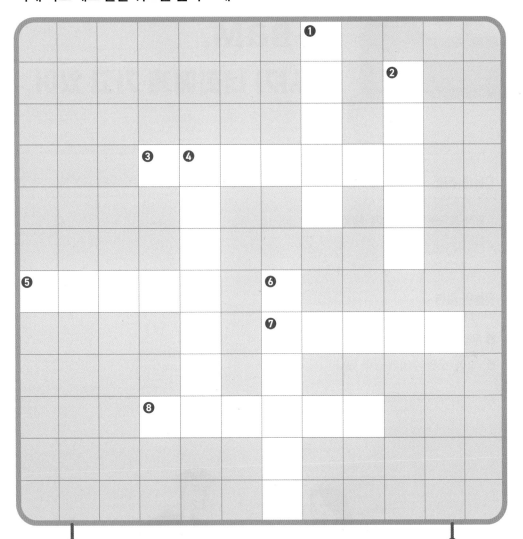

세로 열쇠	가로 열쇠
❶ 기차	❸ 상점(가게)
❷ 시장	❺ 지하철
❹ 버스	❼ 택시
❻ 오래된, 낡은	❽ 섬

정답 p.266

Урок 23

Маша идёт/éдет к вам.

마샤가 너희에게 가고 있어.

오늘의 주제
. . . .

- 동작 동사 + 방향 (~에게, 한테)
- 전치사 на 용법 심화

오늘의 미션
. . . .

☑ 우리는 지금 Света라는 친구에게 (걸어서) 가고 있다.

☑ 너(여) 오늘 수업에 갔다 왔니?

MP3 바로 듣기

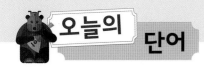

рабо́та

[라보따]

직장(일터)

спекта́кль

[스뼥따끌]

공연, 연극

позавчера́

[빠자f취라]

그저께

обе́д

[아뻬ㄸ]

점심 식사

обе́дать

[아뻬다ㅉ]

점심 먹다

вку́сно

[f꾸스나]

맛있다, 맛있게

1 동작동사 + 방향 (~에게, 한테)

к + 여격 (사람 명사)

1) 전치사 к + 인칭대명사 여격

나에게	ко мнé	우리에게	к нам
너에게	к тебé	너희에게/당신에게	к вам
그에게/그녀에게	к немý / к ней	그들에게	к ним

2) 명사 여격 어미

남성(он)	여성(онá)	중성(онó)
자음 (+у)	-а (е)	-о (у)
-й (ю)	-я (е)	-е (ю)
-ь (ю)	-ь (и)	

Я идý к дрýгу.

나는 친구(남)에게 걸어 가고 있다.

Вчерá мы ходúли к тёте.

어제 우리는 이모에게 (걸어서) 다녀왔다.

Мáша éдет к немý на машúне.

마샤는 차를 타고 그에게 가고 있다.

В суббóту отéц éздил к бáбушке.

토요일에 아버지는 할머니께 (타고) 다녀오셨다.

✿2 동작동사 + 방향 (전치사 на 용법 심화)

в / на + 대격 (장소 표현)

на

- 열린 공간 (open)
- 자연 환경 (산, 바다, 호수 등)
- 추상적인 장소 (수업, 직장, 공연 등)

Студе́нты иду́т на уро́к.

학생들은 수업에 (걸어) 가는 중이다.

Сестра́ е́здит на рабо́ту на авто́бусе.

언니는 버스를 타고 직장에 다닌다.

Позавчера́ я ходи́ла на интере́сный спекта́кль.

그저께 나(여)는 재미있는 공연에 다녀왔다. (보고 왔다).

❗참고 인칭대명사 여격

나에게	мне	우리에게	нам
너에게	тебе́	너희에게/당신에게	вам
그에게/그녀에게	ему́/ей	그들에게	им

Уже́ ве́чер. Де́ти ещё на у́лице.

Кто е́дет к ним?

벌써 저녁이야. 아이들은 아직 밖에 있어. 누가 아이들에게 (타고) 가는 중이니?

Мой брат е́дет на маши́не.

Не пережива́й!

나의 오빠가 차를 타고 가고 있어. 걱정하지 마!

추가 단어 уже́ 이미, 벌써 | ещё 아직

핵심 포인트

✔ '밖에(서), 실외에(서)'라는 한국어 표현을 러시아어로 나타낼 때 '거리(у́лица)'를 사용합니다. 'на у́лице'는 직역한 그대로 '거리에서' 의미도 있지만, 건물 내부가 아닌 외부, 즉 '바깥에'라는 의미로도 자주 사용됩니다.

미션 클리어

★ 우리는 지금 Света라는 친구에게 (걸어서) 가고 있다.
Сейча́с мы идём к подру́ге Све́те.

★ 너(여) 오늘 수업에 갔다 왔니?
Ты сего́дня ходи́ла на уро́к?

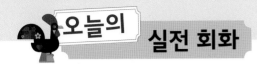

오늘의 **실전 회화**

Алло́! Где ты? Я иду́ к тебе́.

여보세요! 너 어디야? 나 너한테 가는 중이야.

Я иду́ на обе́д.

나 점심 먹으러 가고 있어.

Где ты бу́дешь обе́дать?

너 어디에서 점심 먹을 건데?

В кафе́ «Теремо́к». Там вку́сно.

카페 '쩨레목'에서 먹을 거야. 거기 맛있어.

TIP 'Теремо́к'은 러시아식 전통 팬케이크 요리인 블린(блины) 맛집으로 유명한 프랜차이즈 음식점입니다. 블린은 가볍게 아침식사나 간식으로 많이 먹는 음식인데, 이 식당에 가면 다양한 블린을 맛볼 수 있습니다. 러시아에 가면 꼭 한 번 방문해 보세요!

보너스 표현

① 그럽시다! (수락, 동의) ② 마무리 인사 ③ 건배!
Дава́й!

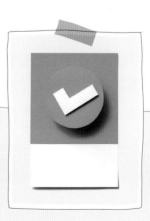

1 주어진 한국어 문장을 러시아어로 바꿔 보세요.

❶ 너는 지금 선생님께 (타고) 가고 있니?

▶ _____

❷ 나는 직장에 지하철을 타고 다닌다.

▶ _____

❸ 까쨔(Ка́тя)는 왜 그에게 (걸어서) 가고 있나요?

▶ _____

2 다음 문장에서 <u>틀린</u> 부분을 찾아 고쳐 보세요.

❶ Мы ходи́ли в ру́сский спекта́кль.

▶ _____

❷ Де́ти е́дут на ма́му.

▶ _____

❸ Оте́ц идёт в рабо́та пешко́м.

▶ _____

정답 p.263

전설적인 발레리나, 안나 파블로바

안나 파블로바Анна Павловна Павлова는 러시아의 발레리나이자 세계적으로 유명한 무용가로, 현대 발레의 전설적인 인물 중 한 명입니다. 그녀는 그 독창적인 스타일과 예술적 기여로 발레 역사에 길이 남을 발자취를 남겼습니다.

1881년 상트페테르부르크에서 태어난 그녀는 1906년 마린스키 극장에서 주연을 맡으며 무대에 데뷔했습니다. 그녀는 뚜렷한 표현력과 우아한 동작으로 관객들을 매료시켰고, 금방 국제적인 인지도를 얻게 되었습니다. 그녀는 자신의 독특한 스타일을 개발하며 발레의 경계를 확장시켰고, 다양한 작품에서 주연을 맡았습니다.

파블로바는 1910년대에 세계 여러 나라를 순회하며 공연하였고, 그녀의 뛰어난 기량은 국제적인 관심을 불러일으켰습니다. 그녀는 발레의 대중화에 기여하며, 새로운 세대의 무용가들에게 영향을 미쳤습니다. 그녀는 종종 발레를 대중에게 알리는 교두보 역할을 했습니다.

파블로바의 가장 유명한 작품 중 하나는 '빈사의 백조Умирающий лебедь'입니다. 이 작품은 그녀의 예술적 정체성을 나타내는 상징적인 안무로, 우아함과 비극적인 아름다움을 동시에 표현합니다. 그녀는 이 작품을 통해 발레의 감정적 깊이를 극대화하며, 세계 각지에서 공연하였습니다.

그녀는 1931년 1월 23일 네덜란드에서 세상을 떠났지만, 그녀의 예술적 유산은 오늘날에도 계속해서 이어지고 있습니다. 그녀는 발레의 아름다움과 힘을 세계에 알린 인물로, 많은 발레리나들에게 영감을 주었으며, 현대 발레의 발전에 큰 영향을 미쳤습니다.

파블로바의 공연은 여전히 많은 무용가들에게 재조명되며, 그녀의 예술적 기여는 발레 역사에서 중요한 위치를 차지하고 있습니다. 그녀의 이름은 발레의 상징으로 남아 있으며, 그녀의 무용은 영원히 기억될 것입니다.

Урок 24

복습

Урок 19~23 복습하기

오늘의 주제

- 19 ~ 23강 내용 복습 & 말하기 연습
- 실전 테스트

MP3 바로 듣기

오늘의 복습 내용

| **Урок 19** | ☑ 동작동사 개념 |
| | ☑ '가다' (걸어서 이동) |

1) 동작동사 개념 (정태 동사 - 부정태 동사)

• 가다, 수영하다, 뛰다, 오다, 날다 등 '<u>움직임, 이동</u>'과 관련된 동사

정태 동사	부정태 동사
정해진 한 방향으로 이동	여러 방향 이동 / 왕복

в / на + 대격 (장소 표현)	
в	**на**
- 막힌 공간 - 경계가 있는 곳 (국가, 도시 등)	- 열린 공간 (open) - 자연 환경 (산, 바다, 호수 등)

2) '가다' (걸어서 이동)

• идти́(정태 동사) : 정해진 한 방향으로 걸어서 이동

ид –ти́			
я	иду́	мы	идём
ты	идёшь	вы	идёте
он/она́	идёт	они́	иду́т

Я иду́ в теа́тр. 나는 극장으로 간다.

Он идёт в шко́лу. 그는 학교로 간다.

Сейча́с мы идём на пло́щадь. 우리는 지금 광장으로 가고 있다.

- ходи́ть(부정태 동사) : 정해지지 않은 여러 방향으로 걸어서 이동

ход -и́ть			
я	хожу́	мы	хо́дим
ты	хо́дишь	вы	хо́дите
он/она́	хо́дит	они́	хо́дят

Ма́ша хо́дит в университе́т.

마샤는 대학교에 다닌다.

Ты ча́сто хо́дишь в библиоте́ку?

너는 도서관에 자주 다니니?

Уро́к 20 ☑ 동작동사 (2) (정태동사 - 부정태 동사)
　　　　　　☑ '가다' (타고 이동)

- е́хать(정태 동사) : 정해진 한 방향으로 타고 이동 (교통수단 이용)

е́ -хать			
я	е́ду	мы	е́дем
ты	е́дешь	вы	е́дете
он/она́	е́дет	они́	е́дут

Я е́ду в аэропо́рт.

나는 공항으로 가고 있다.

Мы е́дем в дере́вню.

우리는 시골로 가고 있다.

Вы е́дете на мо́ре?

너희는 바다로 가고 있니?

- е́здить (부정태 동사) : 정해지지 않은 여러 방향으로 타고 이동 (교통수단 이용)

е́зд -ить			
я	е́зжу	мы	е́здим
ты	е́здишь	вы	е́здите
он/она́	е́здит	они́	е́здят

Бизнесме́ны иногда́ е́здят в Аме́рику.

사업가들은 가끔 미국에 간다.

Ле́том на́ша семья́ е́здит на Восто́чное мо́ре.

여름에 우리 가족은 동해에 간다(다닌다).

Уро́к 21	☑ 의문사 '어디로' (куда́)
	☑ 동작동사 + 교통수단 표현

1) 의문사 '어디로' : куда́

- 이동방향이나 목적지를 묻는 의문사
- 동작동사가 있는 의문문에서 주로 쓰임!

	정태	부정태
걸어서	идти́	ходи́ть
타고	е́хать	е́здить

Куда́ ты идёшь?

너 어디 (걸어서) 가니?

Куда́ вы е́дете?

너희는 어디 (타고) 가는 중이야?

Куда́ Ма́ша хо́дит ка́ждый день?

마샤는 매일 어디에 (걸어서) 다니니?

Куда́ бра́тья е́здят в суббо́ту?

형들은 토요일에 어디에 (타고) 다니니?

2) 동작동사 + 교통수단 표현 (~를 타고)

на + 전치격(교통수단)

Я е́ду в аэропо́рт на маши́не.

나는 차를 타고 공항에 가고 있다.

Мы е́здим в шко́лу на авто́бусе.

우리는 버스를 타고 학교에 다닌다.

Они́ е́дут в дере́вню на по́езде.

그들은 기차를 타고 시골에 가고 있다.

Ива́н е́здит в университе́т на метро́(불변).

이반은 지하철을 타고 대학교에 다닌다.

Уро́к 22	☑ 동작동사 (부정태) 과거형
	☑ 방향 부사 (집으로, 여기로, 저기로)

1) 방향 부사 (집으로, 여기로, 저기로)

집으로	여기로	저기로(거기로)
домо́й	сюда́	туда́

Я иду́ домо́й.

저는 집으로 걸어가고 있어요.

Он е́дет туда́ на такси́.

그는 거기로 택시 타고 가고 있어요.

2) 동작동사 (부정태) 과거형

	남성	여성	중성	복수
걸어서	ходи́л	ходи́ла	ходи́ло	ходи́ли
타고	е́здил	е́здила	е́здило	е́здили

Вчера́ Ма́ша ходи́ла на ры́нок.

어제 마샤는 시장에 (걸어서) 다녀왔다.

Когда́ ты е́здил в Росси́ю?

너(남)는 언제 러시아에 다녀왔니?

Кто ходи́л в магази́н?

누가 상점에 (걸어서) 갔다 왔니?

Ра́ньше мы ча́сто е́здили сюда́.

예전에 우리는 여기에 자주 (타고) 왔었다.

Урок 23	☑ 동작동사 + 방향 (~에게, 한테)
	☑ 전치사 на 용법 심화

1) 동작동사 + 방향 (~에게, 한테) : к + 여격 (사람 명사)

• 전치사 к + 인칭대명사 여격

나에게	ко мне́	우리에게	к нам
너에게	к тебе́	너희에게/당신에게	к вам
그에게/그녀에게	к нему́ / к ней	그들에게	к ним

• 명사 여격 어미

남성(он)	여성(она́)	중성(оно́)
자음 (+у)	-а (е)	-о (у)
-й (ю)	-я (е)	-е (ю)
-ь (ю)	-ь (и)	

Я иду́ к дру́гу.

나는 친구(남)에게 걸어 가고 있다.

Вчера́ мы ходи́ли к тёте.

어제 우리는 이모에게 (걸어서) 다녀왔다.

Ма́ша е́дет к нему́ на маши́не.

마샤는 차를 타고 그에게 가고 있다.

В суббо́ту оте́ц е́здил к ба́бушке.

토요일에 아버지는 할머니께 (타고) 다녀오셨다.

2) 동작동사 + 방향 (전치사 на 용법 심화)

на
- 열린 공간 (open)
- 자연 환경 (산, 바다, 호수 등)
- 추상적인 장소 (수업, 직장, 공연 등)

Студе́нты иду́т на уро́к.

학생들은 수업에 (걸어) 가는 중이다.

Сестра́ е́здит на рабо́ту на авто́бусе.

언니는 버스를 타고 직장에 다닌다.

 보너스 표현

환영합니다!

Добро́ пожа́ловать!

괜찮습니다!

Ничего́ стра́шного!

오랜만이다! 이게 누구야!

Кого́ я ви́жу!

솔직히 말해서

Че́стно говоря́

1. 그럽시다! (수락, 동의) 2. 마무리 인사 3. 건배!

Дава́й!

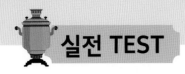

실전 TEST

1 음성을 듣고 일치하는 단어를 보기에서 고르세요.　　　🎧 MP3

   ①　Ⓐ библиотéка　　Ⓑ бассéйн　　Ⓒ бизнесмéн　　Ⓓ óстров

   ②　Ⓐ фи́тнес-клуб　　Ⓑ ры́нок　　Ⓒ рабóта　　Ⓓ сюдá

   ③　Ⓐ позавчерá　　Ⓑ кинотеáтр　　Ⓒ тудá　　Ⓓ пешкóм

2 다음 러시아어 문장의 우리말 뜻을 적어 보세요.

   ① Сейчáс мы идём на плóщадь.

   ▶ _____

   ② Бизнесмéны иногдá éздят в Амéрику.

   ▶ _____

   ③ Мы éздим в шкóлу на автóбусе.

   ▶ _____

   ④ Я идý к дрýгу.

   ▶ _____

3 제시된 우리말을 참고하여 다음 대화문을 완성해 보세요.

❶

Алло! Ⓐ _____?

Куда́ ты е́дешь?

여보세요! 너 기차 안이야? 어디 가?

В Сеу́л. Ⓑ _____.

서울에 가. 나는 보통 기차를 타고 서울에 다녀.

❷

Ⓐ _____? Её нет до́ма.

엄마 어디에 있니? 집에 없네.

Мо́жет быть, Ⓑ _____.

아마 백화점에 가는 중일 거예요.

Опя́ть в универма́г?

Ⓒ _____?

또 백화점에? 왜 가는 건데?

Не зна́ю. Ⓓ _____.

몰라요. 엄마는 백화점 가는(다니는) 걸 좋아해요.

Урок 25

Написáл э́то ру́чкой?
이거 펜으로 쓴 거야?

오늘의 주제
. . . .

- 명사의 조격(도구격) 어미
- 동사 '쓰다' 활용

오늘의 미션
. . . .

☑ 아이들은 연필로 무엇을 쓰고 있나요?
☑ 기자(여)는 집에서 펜으로 기사를 쓰고 있다.

MP3 바로 듣기

오늘의 단어

письмó
[삐ㅆ모]
편지

статья́
[스따ㅉ야]
기사

карандáш
[까란다sh]
연필

рýчка
[루ㅊ까]
펜

тетрáдь
[찌뜨라ㅉ]
공책

и́ли
[일리]
또는, 혹은

1 동사 '쓰다(write)' писа́ть

пи -са́ть			
я	пишу́	мы	пи́шем
ты	пи́шешь	вы	пи́шете
он/она́	пи́шет	они́	пи́шут

✅주의 자음 변환과 강세 이동 주의!

Я пишу́ кни́гу.	나는 책을 쓰고 있다.
Ты пи́шешь письмо́?	너는 편지 쓰고 있니?
Сейча́с журнали́ст пи́шет статью́.	기자는 지금 기사를 쓰고 있다.

2 조격(~로, ~로써) 변화형 어미

1) 남성 명사

	자음	자음+ом
남성(он)	-й	й → ем
	-ь	ь → ем

2) 여성 명사

	-а	а → ой
여성(она́)	-я	я → ей
	-ь	ь → ью

3) 중성 명사

중성(он**ó**)	-o	o → ом
	-e	e → ем

한 눈에 보는 명사의 조격 어미

남성(он)	여성(он**á**)	중성(он**ó**)
자음 (+ом)	-a (ой)	-o (ом)
-й (ем)	-я (ей)	-e (ем)
-ь (ем)	-ь (ью)	

М**á**ша п**и́**шет кн**и́**гу карандаш**ó**м.

Что вы п**и́**шете р**ý**чкой?

П**ý**шкин пис**á**л стих**и́** пер**ó**м.

마샤는 연필로 책을 쓰고 있다.

당신은 무엇을 펜으로 쓰고 있나요?

푸쉬킨은 깃털펜으로 시를 썼다.

❗참고 러시아어 기초 문법 : 6격(格) (한국어의 조사 역할)

주격	생격	여격	대격	조격	전치격
~은, 는, 이, 가	~의	~에게	~을, 를	~로, ~로써	~에서

~로, ~로써 (도구, 수단을 나타냄)

Со́ня! Что ты де́лаешь в ко́мнате?

쏘냐! 너는 방(ко́мната)에서 뭐하고 있니?

Я пишу́ письмо́ учи́телю.

나 선생님(учи́тель)께 편지 쓰고 있어.

Ты пи́шешь карандашо́м?

너는 연필로 쓰고 있니?

Нет, ру́чкой. Я люблю́ писа́ть ру́чкой.

아니, 펜으로 써. 나는 펜으로 쓰는 것을 좋아해.

미션 클리어

★ 아이들은 연필로 무엇을 쓰고 있나요?
   Что де́ти пи́шут карандашо́м?

★ 기자(여)는 집에서 펜으로 기사를 쓰고 있다.
   Журнали́стка пи́шет статью́ ру́чкой до́ма.

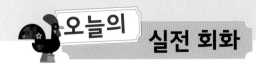

Что твой сын пи́шет в тетра́ди?

너의 아들은 공책에 무엇을 쓰고 있니?

Он пи́шет но́вый ру́сский текст.

새로운 러시아 텍스트를 쓰고 있어.

Он пи́шет ру́чкой и́ли карандашо́м?

펜이나 연필로(펜이나 연필 중 무엇으로) 쓰고 있니?

Карандашо́м.

Он всегда́ пи́шет то́лько карандашо́м.

연필로 써. 항상 연필로만 쓰더라고.

보너스 표현

상관없어!
Всё равно́!

1 다음은 писáть 동사의 변화표입니다. 빈칸을 채워 보세요.

я	❶	мы	пи́шем
ты	❷	вы	пи́шете
он/онá	пи́шет	они́	❸

2 주어진 단어를 올바르게 조격으로 바꿔 보세요.

❶ ру́чка (펜) ▶ _____ (펜으로)

❷ перó (깃털펜) ▶ _____ (깃털펜으로)

❸ карандáш (연필) ▶ _____ (연필로)

정답 p.263

극동 러시아의 보석, 하바롭스크

극동 러시아의 행정 중심지인 하바롭스크Хабаровск는 아무르 강Река Амур을 따라 발달된 아름다운 도시예요. 이 도시는 러시아와 아시아의 교차점에 자리잡고 있어 독특한 문화적, 역사적 매력을 지니고 있어요.

하바롭스크를 방문하면 가장 먼저 눈에 띄는 것은 아무르 강입니다. 이 강을 따라 걷다 보면 강변에 자리 잡은 공원과 광장들이 펼쳐지며, 도시의 활기찬 모습을 감상할 수 있어요. 특히, 해질녘의 아무르 강은 장엄한 일몰과 함께 잊을 수 없는 경치를 선사합니다. 아무르 강과 레닌 광장Площадь имени Ленина을 잇는 도로에는 다양한 쇼핑 센터와 편의 시설들이 밀집되어 있어, 강변을 따라 조성된 산책로에서 가벼운 산책을 마친 후 쇼핑을 즐기기에도 좋답니다.

하바롭스크의 역사적인 건축물 중 하나로는 예수변모성당 Спасо-Преображенский собор이 있어요. 이 성당은 러시아의 제2차 세계대전 승리를 기념하기 위해 조성된 명예 광장Площадь Славы에 위치하고 있는데, 독특한 러시아 정교회 건축양식과 아름다운 내부 장식으로 유명합니다. 또한, 콤소몰 광장Комсомольская площадь에 있는 성모 승천 사원Собор Успения Божией Матери 역시 도시의 대표적인 랜드마크 중 하나입니다.

마지막으로, 하바롭스크의 자연을 만끽할 수 있는 방법 중 하나는 근교의 자연 보호구역을 탐방하는 것이에요. 광활한 시베리아 타이가 숲과 아름다운 호수들이 이 지역에 자리잡고 있어, 자연을 사랑하는 여행자들에게 완벽한 휴식처가 된답니다!

하바롭스크 여행 TIP

레닌 광장 근처 푸시킨 거리에 위치한 하바롭스크 중앙시장Центральный рынок은 현지인의 일상과 문화를 가까이에서 체험할 수 있는 재래시장이에요. 신선한 농산물과 지역 특산품은 물론 전통 러시아 수공예품도 많이 판매하기 때문에, 이곳에 방문해서 다양한 기념품을 구입해 보면 어떨까요?

С кем ты до́ма?
집에 누구랑 있어?

오늘의 주제
. . . .

• 인칭대명사 조격 변화
• 조격 용법 (2) '~와 함께' 표현

오늘의 미션
. . . .

☑ 너희는 빅토르(Ви́ктор)와 어디에 있었니?

☑ 나는 당신과 함께 여기에 있을게요.

MP3 바로 듣기

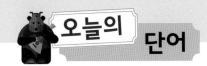

де́вушка

[제부슈까]

아가씨 (젊은 여자)

молодо́й челове́к

[말라도이 칠라볙]

청년 (젊은이)

удо́бно

[우도브나]

편하다, 편리하게

вме́сте

[브몌스쩨]

함께

парк

[빠르끄]

공원

сосе́дка

[싸셰뜨까]

(여자) 이웃, 룸메이트

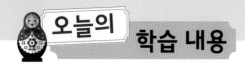

1 조격 용법 '~와 함께 (with)'

с + 조격 (사람 명사)

Сейча́с я с Никола́ем.

지금 나는 니콜라이(Никола́й)와 함께 있다.

Анто́н был с де́вушкой в кафе́.

안톤은 카페에서 여자와 함께 있었다.

Вы бу́дете с дру́гом там?

당신은 거기에서 친구랑 있을 건가요?

Са́ша слу́шает му́зыку с Ка́тей.

싸샤는 까쨔(Ка́тя)와 함께 음악을 듣는다.

> **참고** 명사 조격 어미

남성(он)	여성(она́)	중성(оно́)
자음 (+ом)	-а (ой)	-о (ом)
-й (ем)	-я (ей)	-е (ем)
-ь (ем)	-ь (ью)	

② 인칭대명사 조격 (~와 함께)

나와 함께	со мнóй	우리와 함께	с нáми
너와 함께	с тобóй	너희와 함께/ 당신과 함께	с вáми
그와 함께/ 그녀와 함께	с ним/с ней	그들과 함께	с нúми

✔주의 전치사 c와 함께 쓰는 경우, 3인칭 형태는 н이 추가됨! (с ним / с ней / с нúми)

Всегдá я бýду с тобóй.

나는 항상 너와 함께 있을 거야.

Онá идёт домóй со мнóй.

그녀는 나와 함께 집으로 가고 있다.

Молодóй человéк гуля́ет с ней.

청년은 그녀와 함께 산책하고 있다.

Вам трýдно рабóтать с нáми?

당신은 우리와 함께 일하는 것이 힘든가요?

Что ты дéлаешь с нúми?

너는 그들과 함께 무엇을 하고 있니?

Cа́ша! Ты живёшь оди́н?

싸샤! 너는 혼자 사니?

Нет, живу́ с Вита́лием.

아니, 나는 비탈리(Вита́лий)와 같이 살아.

Тебе́ удо́бно жить вме́сте с ним?

너는 그와 함께 사는 것이 편하니?

Да, о́чень удо́бно.

Я не люблю́ жить оди́н.

응, 아주 편해. 나는 혼자 사는 것이 싫어.

핵심 포인트

✓ 숫자 1을 '혼자서'라는 의미로 사용할 때 주어(남/여/복)에 따라 구분해야 합니다. 주어가 남자면 оди́н, 여자면 одна́, 복수형이라면 одни́로 씁니다.

미션 클리어

★ 너희는 빅토르(Ви́ктор)와 어디에 있었니?
Где вы бы́ли с Ви́ктором?

★ 나는 당신과 함께 여기에 있을게요.
Я бу́ду с ва́ми здесь.

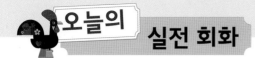

오늘의 실전 회화

Где ты была́ вчера́ ве́чером?

너 어제 저녁에 어디에 있었니?

Я была́ в па́рке с сосе́дкой.

나는 룸메이트랑 공원에 있었어.

Что там де́лали?

거기에서 뭐 했는데?

Мы вме́сте гуля́ли.

같이 산책했어.

보너스 표현

기꺼이!

С удово́льствием!

1 한국어 뜻을 참고하여 주어진 단어들로 문장을 만들어 보세요.

❶ ты, быть, дом, с, мы   (너는 우리와 함께 집에 있을 거야?)

▶ _____

❷ я, не, люби́ть, рабо́тать, с, Серге́й   (나는 세르게이와 일하는 것이 싫다.)

▶ _____

❸ де́вушка, ча́сто, гуля́ть, с, соба́ка   (젊은 여자는 강아지와 자주 산책한다.)

▶ _____

❹ роди́тели, быть, на, у́лица, с, я   (부모님은 나와 함께 밖에 계셨다.)

▶ _____

2 다음은 명사의 조격 어미 변화표입니다. 빈칸을 채워 보세요.

남성 (ОН)	여성 (ОНА́)	중성 (ОНО́)
자음 (+ом)	-а (ой)	-о (ом)
-й (ем)	-я (ей)	-е (ем)
-ь (❶)	-ь (❷)	

정답 p.263

제시된 우리말을 참고하여, 낱말 퍼즐 안에 숨어있는 8가지 단어를 찾아 보세요.

р	ф	с	о	с	é	д	к	а	п
а	ё	г	ю	ь	ý	ф	ц	л	а
б	т	ц	ы	ж	п	ы	б	й	р
ó	п	б	а	п	ё	ш	д	н	к
т	и	д	с	в	м	é	с	т	е
а	с	п	е	к	т	á	к	л	ь
й	ь	р	щ	с	т	а	т	ь	я́
х	м	ж	ё	д	к	б	á	ю	ч
ы	ó	й	а	л	м	д	э	ы	в
э	б	ю	ф	в	к	ý	с	н	о

❶ 직장(일터)	❺ 공연, 연극
❷ 맛있다, 맛있게	❻ 편지
❸ 기사	❼ 함께
❹ 공원	❽ (여자) 이웃, 룸메이트

정답 p.267

Что ты бу́дешь есть?

너 뭐 먹을래?

오늘의 주제
. . . .

- 동사 '먹다' 활용
- 조격을 활용한 음식 표현 (1)

오늘의 미션
. . . .

☑ 한국인들(коре́йцы)은 항상 밥을 먹는다.

☑ 당신은 치즈파이를 드실 건가요?

MP3 바로 듣기

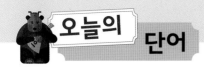

오늘의 단어

мя́со [먀싸] 고기	**бутербро́д** [부떼르브로뜨] 샌드위치

рис [리쓰] 밥	**сыр** [씨르] 치즈

карто́фель [까르또펠[f]] 감자	**колбаса́** [깔바싸] 소시지

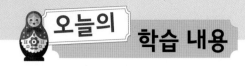

오늘의 학습 내용

1 조격을 활용한 음식 표현 '~가 들어간/곁들인'

c + 조격 (음식 명사)	
밥을 곁들인 고기 (덮밥류)	감자를 곁들인 고기
мя́со с ри́сом	мя́со с карто́фелем
치즈가 들어간 샌드위치	소시지가 들어간 샌드위치
бутербро́д с сы́ром	бутербро́д с колбасо́й

> **① 참고** 명사 조격 어미
>
> | 남성(он) | 여성(она́) | 중성(оно́) |
> | --- | --- | --- |
> | 자음 (+ом) | -а (ой) | -о (ом) |
> | -й (ем) | -я (ей) | -е (ем) |
> | -ь (ем) | -ь (ью) | |

✿2 동사 '먹다' есть

e - сть			
я	ем	мы	еди́м
ты	ешь	вы	еди́те
он/она́	ест	они́	едя́т

✅주의 변화형이 매우 불규칙!

Что ты ешь?

너는 무엇을 먹고 있니?

Я ем пиро́г с карто́фелем.

나는 감자가 들어간 파이를 먹어.

Дочь не ест ры́бу.

딸은 생선을 먹지 않는다.

Что вы обы́чно еди́те у́тром?

너희는 보통 아침에 무엇을 먹니?

Мы еди́м бутербро́д с сы́ром.

우리는 치즈 샌드위치를 먹는다.

 마샤쌤의 꿀팁 한 스푼

소유구문에서 쓰는 특수한 형태의 술어 'есть'와 철자는 동일하지만, '먹다' 동사는 주어에 따라 바뀌는 일반적인 동사입니다. 헷갈릴 수 있으니 주의해서 암기하세요!

오늘의 핵심 표현

Что ты ешь? Опя́ть мя́со?

Ты ка́ждый день ешь то́лько мя́со!

너 뭐 먹어? 또 고기야? 너는 매일 고기만 먹니!

О́чень люблю́ его́. Осо́бенно с ри́сом!

나는 고기가 너무 좋아. 특히 밥이랑 같이!

추가 단어 то́лько ~만, 오직 | осо́бенно 특히

핵심 포인트

✓ 'есть' 동사는 타동사로서 목적어로 음식 관련 표현을 함께 씁니다. 반면, 앞서 설명드린대로 러시아어에는 '아침 먹다(за́втракать), 점심 먹다(обе́дать), 저녁 먹다(у́жинать)' 동사가 따로 있습니다. 자동사인 해당 동사들 뒤에는 목적어를 쓸 수 없으므로, 정확히 구분해서 사용해주세요!

미션 클리어

★ 한국인들(коре́йцы)은 항상 밥을 먹는다.
Коре́йцы всегда́ едя́т рис.

★ 당신은 치즈파이를 드실 건가요?
Вы бу́дете (есть) пиро́г с сы́ром?

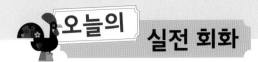

오늘의 실전 회화

(в кафе́) (카페에서)

Что вы бу́дете (есть)?

당신은 무엇을 드실 건가요?

Сейча́с смотрю́ меню́.

У вас есть бутербро́ды?

지금 메뉴판 보고 있는데요. 혹시 샌드위치가 있나요?

Коне́чно, есть. О́чень вку́сные!

물론 있습니다. 아주 맛있어요!

Хорошо́! Тогда́ я бу́ду бутербро́д с сы́ром.

좋아요! 그러면 저는 치즈샌드위치 먹을게요.

추가 단어

- меню́ 메뉴(판)
- тогда́ 그러면, 그때

보너스 표현

유감스럽게도, 아쉽게도, 안타깝게도

к сожале́нию

1 다음 보기와 같이 주어진 단어들로 짧은 대화문을 만들어 보세요.

❶ 감자를 곁들인 고기 ▶ _____

❷ 소시지가 들어간 샌드위치 ▶ _____

❸ 밥을 곁들인 고기 ▶ _____

2 다음 есть(먹다) 동사의 변화표에서 <u>틀린 3곳</u> 부분을 찾아 고쳐 보세요.

я	ею	мы	едим
ты	ешь	вы	едете
он/она́	ет	они́	едят

❶ _____ ▶ _____

❷ _____ ▶ _____

❸ _____ ▶ _____

정답 p.264

시베리아 횡단열차와 러시아 여행

시베리아 횡단열차는 유럽과 아시아를 연결하는 세계에서 가장 긴 철도 노선으로, 총 길이는 약 9,289km에 이릅니다. 1891년에 건설이 시작되어 1916년에 완공된 이 열차는 러시아의 광대한 자연과 다양한 문화를 체험할 수 있는 상징적인 여행 수단으로, 많은 관광객들에게 인기가 있어요.

1. 노선

열차는 모스크바에서 출발하여 여러 도시를 거쳐 블라디보스토크에 도착합니다. 열차가 지나가는 주요 도시로는 블라디미르, 예카테린부르크, 노보시비르스크, 이르쿠츠크, 울란우데 등이 있으며, 기차 여행 중에는 다양한 경치와 문화 체험이 가능합니다. 특히 바이칼 호수와 같은 아름다운 자연 경관을 감상할 수 있으며, 각 도시에서의 하차를 통해 지역의 역사와 문화를 직접 체험할 수 있습니다.

2. 기차 종류

시베리아 횡단열차에는 다양한 등급의 객실이 있으며, 일반적으로 1등석, 2등석, 3등석으로 구분됩니다. 1등석은 개인 객실, 2등석은 4인실, 3등석은 6인실로 이루어져 있습니다. 기차 내부에는 식당 칸도 있어, 러시아 전통 음식을 즐길 수 있습니다.

3. 기차 여행 팁

전체 여정은 약 7일 이상 소요되며, 기차는 하루 800~ 1000km를 이동합니다. 그러나 여행 시간은 정차하는 역과 소요되는 시간에 따라 달라질 수 있으니 사전에 기차의 운행 일정과 좌석 예약을 확인하는 것이 중요합니다. 각 도시에 따라 다양한 관광 명소와 활동이 있으니 미리 계획을 세우는 것이 좋습니다.

Урок 28

Я хочу́ пить ко́фе.
나 커피 마시고 싶어.

오늘의 주제
. . . .

- 동사 '원하다', '마시다' 활용
- 조격을 활용한 음식 표현 (2)

오늘의 미션
. . . .

☑ 너는 토요일에 뭐 하고 싶니?

☑ 저녁에 우리는 설탕을 넣은 홍차(чёрный чай)를 마신다.

MP3 바로 듣기

오늘의 단어

молокó [말라꼬] 우유	**сáхар** [싸하르] 설탕
чай [챠이] 차(茶)	**лимóн** [리몬] 레몬
водá [바다] 물	**сирóп** [씨로쁘] 시럽

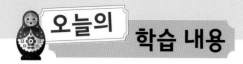

1 동사 '원하다, ~하고 싶다' хоте́ть

хо -те́ть			
я	хочу́	мы	хоти́м
ты	хо́чешь	вы	хоти́те
он/она́	хо́чет	они́	хотя́т

~를 원하다	хоте́ть + 대격
~하고 싶다	хоте́ть + 동사원형

Что вы хоти́те?

당신은 무엇을 원하나요?

Я хочу́ ко́фе.

저는 커피를 원해요.

Ма́ша хо́чет ко́фе с молоко́м.

마샤는 카페라떼(우유가 든 커피)를 원한다.

Что ты хо́чешь де́лать сего́дня?

너는 오늘 뭐 하고 싶어?

Мы хоти́м рабо́тать в Росси́и.

우리는 러시아에서 일하고 싶어요.

일상 생활에서 가장 많이 쓰는 동사 중 하나가 바로 '원하다(хоте́ть)' 동사입니다. 그런데 이 동사는 특수형이라고 불릴 만큼 변화형이 아주 불규칙합니다. 자음이 바뀌는 형태와 강세 위치의 이동까지 꼼꼼하게 암기하셔야 합니다.

Студе́нты хотя́т хорошо́ говори́ть по-ру́сски.

학생들은 러시아어로 잘 말하고 싶어한다.

2 동사 '마시다' пить

п -ить			
я	пью	мы	пьём
ты	пьёшь	вы	пьёте
он/она́	пьёт	они́	пьют

✅주의 변화형이 매우 불규칙!

Что ты пьёшь?

너는 무엇을 마시고 있니?

Я пью чай с лимо́ном.

나는 레몬차 마셔.

Па́па не пьёт ко́фе с са́харом.

아빠는 설탕 들어간 커피를 마시지 않는다.

Мы хоти́м пить во́ду.

우리는 물 마시고 싶어요. (목말라요)

Вы пьёте ко́фе с сиро́пом?

당신은 시럽 넣은 커피 드시나요?

오늘의 핵심 표현

Добрый вéчер! Что вы хотúте?

안녕하세요! (좋은 저녁) 당신은 무엇을 원하시나요?

Я хочý бутербрóд с колбасóй.

И бýду пить кóфе с молокóм.

저는 소시지 샌드위치를 원해요. 그리고 카페라떼 마실게요.

핵심 포인트

✓ 일상 생활에서 주문할 때 가장 많이 쓰는 표현 중 하나가 'здесь úли с собóй?'입니다. 이 표현은 '여기서 먹고 가나요? 아니면 포장인가요?'라는 의미입니다. '먹다, 포장하다' 동사는 생략하면서 간단하게 표현합니다. 아주 유용한 표현이므로 꼭 기억해주세요!

미션 클리어

★ 너는 토요일에 뭐 하고 싶니?
Что ты хóчешь дéлать в суббóту?

★ 저녁에 우리는 설탕을 넣은 홍차(чёрный чай)를 마신다.
Вéчером мы пьём чёрный чай с сáхаром.

오늘의 실전 회화

Ты бу́дешь пить во́ду?

너 물 마실 거야?

Нет, я хочу́ ко́фе с сиро́пом.

아니, 나는 시럽 넣은 커피를 원해.

Ты зна́ешь, ско́лько сейча́с вре́мени?

Уже́ по́здно!

너 지금 몇 시인지 아니? 이미 늦었어!

Ничего́ стра́шного!

Я ча́сто пью ко́фе и ве́чером.

괜찮아! 나는 저녁에도 커피 자주 마셔.

TIP '물(вода́)'은 대격 형태에서 강세가 이동합니다. 모음 'о'에 강세규칙이 적용되어 전체적으로 발음이 다르게 느껴질 수 있으므로 잘 구분해서 암기해주세요!

추가 단어

по́здно 늦다, 늦게

보너스 표현

시험이 코앞이다.

Экза́мены на носу́.

1 괄호 안에 있는 동사를 주어에 맞게 변화시키세요.

❶ Что бра́тья [есть] сейча́с?

▶ _____

❷ Ви́ктор [хоте́ть] жить в Росси́и.

▶ _____

❸ У́тром мы [пить] чай.

▶ _____

2 주어진 한국어 문장을 러시아어로 바꿔 보세요.

❶ 너는 치즈 샌드위치를 원하니?

▶ _____

❷ 한국인들은 커피를 자주 마신다.

▶ _____

❸ 당신은 왜 모스크바에서 일하고 싶나요?

▶ _____

정답 p.264

쉬어가기
퀴즈 Plus

아래 가로 세로 낱말 퀴즈를 풀어 보세요!

세로 열쇠	가로 열쇠
❶ 샌드위치	❷ 화가
❸ 감자	❹ 꿈, 바람
❻ 고기	❺ 시럽
	❻ 모델
	❼ 물

정답 p.267

Урок
29

Кем вы работаете?
당신은 무슨 일하세요?

오늘의 주제
. . . .

- 동사 '일하다' + 직업 표현
- '~가 되고 싶다' 장래희망 표현

오늘의 미션
. . . .

☑ 예전에 올레그(Олéг)는 배우(актёр)였다.

☑ 지금 그는 학교에서 선생님으로 일하고 있다.

MP3 바로 듣기

 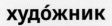

худо́жник

[후도쥐닉]

화가

писа́тель

[삐싸쩰]

작가

медсестра́

[믿씨쓰뜨라]

간호사

моде́ль

[마델]

모델

мечта́

[미취따]

꿈, 바람

профе́ссия

[쁘라페(f)씨야]

직업

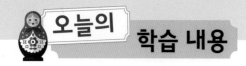 오늘의 학습 내용

🍀 1 동사 '일하다(рабо́тать)' + 직업 표현

- 조격의 용법으로 자격이나 신분을 나타냄
- '~로서 일하다, 종사하다' 의미

> **рабо́тать** + 조격 (직업 명사)

Я рабо́таю худо́жником.

나는 화가로(서) 일하고 있다.

Мой оте́ц рабо́тает писа́телем.

나의 아버지는 작가로(서) 일하신다.

Где вы рабо́таете медсестро́й?

당신은 어디에서 간호사로(서) 일하고 있나요?

Ты зна́ешь, что А́нна рабо́тает моде́лью?

너는 안나가 모델로(서) 일하는 것을 알고 있니?

> **❶참고** 명사 조격 어미

남성(он)	여성(она́)	중성(оно́)
자음 (+ом)	-а (ой)	-о (ом)
-й (ем)	-я (ей)	-е (ем)
-ь (ем)	-ь (ью)	

2 '~가 되고 싶다' 장래희망 표현

1) '~가 될 것이다(will be)' 표현 　[be동사 미래형]

> **быть + 조격 (직업 명사)**

Я бу́ду врачо́м.

나는 의사가 될 거예요.

Она́ бу́дет актри́сой.

그녀는 배우가 될 거예요.

Ду́маю, что ты бу́дешь писа́телем.

내 생각에는 너는 작가가 될 것 같아.

2) '~가 되고 싶다' 표현

> **хоте́ть + быть + 조격 (직업 명사)**

Вы хоти́те быть худо́жником?

당신은 화가가 되고 싶나요?

Нет, я хочу́ быть моде́лью.

아뇨, 저는 모델이 되고 싶어요.

오늘의 핵심 표현

Моя́ ма́ма рабо́тает актри́сой.

Моя́ ба́бушка то́же была́ актри́сой.

나의 엄마는 배우로 일하고 계셔. 나의 할머니도 배우셨어.

Здо́рово!

Ты то́же хо́чешь быть актри́сой?

멋지다! 너도 배우가 되고 싶니?

Нет, я хочу́ быть врачо́м.

아니, 나는 의사가 되고 싶어.

핵심 포인트

✔ 과거에 어떤 일을 했는지 나타낼 때는 'рабо́тать' 또는 'быть' 동사를 사용합니다. 동사 뒤에 쓰는 직업 관련 표현은 반드시 조격으로 바꿔야 합니다. 주로 '~로 일했다, ~였다'라고 해석됩니다.

미션 클리어

★ 예전에 올레그(Оле́г)는 배우였다.
Ра́ньше Оле́г был актёром.

★ 지금 그는 학교에서 선생님으로 일하고 있다.
Сейча́с он рабо́тает учи́телем в шко́ле.

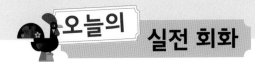

 Ма́ма, у меня́ есть мечта́.

Я хочу́ быть медсестро́й.

엄마, 저는 꿈이 있어요. 간호사가 되고 싶어요.

 Почему́ ты хо́чешь быть медсестро́й?

왜 너는 간호사가 되고 싶니?

 Ду́маю, что э́то лу́чшая профе́ссия.

저는 간호사가 훌륭한 직업이라고 생각해요.

 Да, пра́вда.

Ты обяза́тельно бу́дешь медсестро́й!

맞아, 정말 그렇지. 너는 분명히 간호사가 될 거야!

추가 단어

лу́чший 훌륭한, 더 좋은
обяза́тельно 반드시, 꼭

 보너스 표현

공원이 엎어지면 코 닿을 거리다. (거리가 매우 가깝다.)

Парк в двух шага́х.

1 한국어 뜻을 참고하여 주어진 단어들로 문장을 만들어 보세요.

① мой, подру́га, рабо́тать, журнали́стка   (내 친구는 기자로(서) 일한다.)

▶ _____

② ра́ньше, Ива́н, хоте́ть, быть, писа́тель   (예전에 이반은 작가가 되고 싶어했다.)

▶ _____

③ мой, дочь, быть, врач   (내 딸은 의사가 될 것이다.)

▶ _____

④ когда́, Ма́ша, рабо́тать, моде́ль   (마샤는 언제 모델로 일했니?)

▶ _____

2 다음 문장에서 <u>틀린</u> 부분을 찾아 고쳐 보세요.

① Я хочу́ бу́ду худо́жником.

▶ _____

② Оте́ц рабо́тает учи́тель в шко́ле.

▶ _____

정답 p.264

추상 회화의 창시자, 바실리 칸딘스키

바실리 칸딘스키Василий Васильевич Кандинский는 러시아 출신의 화가이자 이론가로, 추상 미술의 선구자로 알려져 있습니다. 그의 혁신적인 작품은 20세기 미술사에서 중요한 위치를 차지하며, 색상과 형태의 상징적인 사용을 통해 감정을 표현하는 데 주력했습니다.

칸딘스키는 1866년 12월 16일 모스크바에서 태어났습니다. 그는 법학과 경제학을 전공했지만, 예술에 대한 열정은 그를 결국 미술로 이끌었습니다. 1896년 독일 뮌헨으로 이주한 후, 그는 미술 공부를 시작했습니다.

칸딘스키는 초기에는 인상파와 후기 인상파 스타일로 작품을 그렸으나, 점차 추상적인 형식으로 나아갔습니다. 그의 작품은 색상과 형태의 조화를 통해 감정과 영감을 표현하며, 1910년대에는 완전한 추상화를 추구하게 됩니다. 그는 '예술은 관객의 감정에 영향을 미쳐야 한다'라는 신념을 가지고 작품을 제작했습니다.

그의 대표적인 작품으로는 'Composition VII'(1913)와 'Yellow-Red-Blue'(1925)가 있습니다. 이 작품들은 복잡한 색채 조합과 형상으로 이루어져 있으며, 칸딘스키의 추상 미술에 대한 혁신적인 접근을 보여줍니다. 특히 'Composition VII'는 칸딘스키의 가장 중요한 작품 중 하나로, 감정의 다양성을 시각적으로 표현한 걸작입니다.

칸딘스키는 또한 미술 이론가로서도 영향력을 끼쳤습니다. 그의 저서 'On the Spiritual in Art'(1911)는 예술과 영혼의 관계에 대한 깊은 통찰을 제공하며, 추상 미술의 기초를 다지는 데 기여했습니다. 그는 예술 교육에 힘썼고, 바우하우스에서도 교수로 재직하며 많은 제자들에게 영향을 미쳤습니다.

1944년 파리에서 세상을 떠난 칸딘스키는 그의 독창적인 접근 방식과 혁신적인 미술관으로 인해 현대 미술에 지대한 영향을 미쳤습니다. 그의 작품은 여전히 많은 미술관과 전시회에서 감상할 수 있으며, 그는 추상 미술의 아버지로 기억되고 있습니다.

바실리 칸딘스키의 예술은 색상과 형태가 조화롭게 어우러져 인간의 감정을 표현하는 데 중점을 두며, 그의 독창적인 스타일은 오늘날에도 많은 예술가들에게 영감을 주고 있습니다.

Урок 30

복습

Урок 25~29 복습하기

오늘의 주제

· · · · · · · · ·

• 25 ~ 29강 내용 복습 & 말하기 연습
• 실전 테스트

MP3 바로 듣기

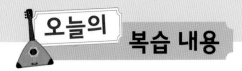

오늘의 복습 내용

| Урок 25 | ☑ 명사의 조격(도구격) 어미 |
| | ☑ 동사 '쓰다(писа́ть)' 활용 |

1) 동사 '쓰다(писа́ть)' 활용

я	пишу́	мы	пи́шем
ты	пи́шешь	вы	пи́шете
он/она́	пи́шет	они́	пи́шут

Сейча́с журнали́ст пи́шет статью́. 기자는 지금 기사를 쓰고 있다.

Ты пи́шешь письмо́? 너는 편지 쓰고 있니?

2) 명사의 조격(도구격) 어미

주격	생격	여격	대격	조격	전치격
~은, 는, 이, 가	~의	~에게	~을, 를	~로, ~로써	~에서

(도구, 수단을 나타냄)

남성(он)	여성(она́)	중성(оно́)
자음 (+ом)	-а (ой)	-о (ом)
-й (ем)	-я (ей)	-е (ем)
-ь (ем)	-ь (ью)	

Ма́ша пи́шет кни́гу карандашо́м. 마샤는 연필로 책을 쓰고 있다.

Что вы пи́шете ру́чкой? 당신은 무엇을 펜으로 쓰고 있나요?

1) 조격 용법 (2) '~와 함께' 표현

c + 조격 (사람 명사)

Сейча́с я с Никола́ем.   지금 나는 니콜라이(Никола́й)와 함께 있다.

Анто́н был с де́вушкой в кафе́.   안톤은 카페에서 여자와 함께 있었다.

Вы бу́дете с дру́гом там?   당신은 거기에서 친구랑 있을 건가요?

2) 인칭대명사 조격 변화

나와 함께	со мно́й	우리와 함께	с на́ми
너와 함께	с тобо́й	너희와 함께/ 당신과 함께	с ва́ми
그와 함께 /그녀와 함께	с ним/с ней	그들과 함께	с ни́ми

Всегда́ я бу́ду с тобо́й.   나는 항상 너와 함께 있을 거야.

Она́ идёт домо́й со мно́й.   그녀는 나와 함께 집으로 가고 있다.

Вам тру́дно рабо́тать с на́ми?   당신은 우리와 함께 일하는 것이 힘든가요?

<table>
<tr><td rowspan="2">**Урок 27**</td><td>☑ 동사 '먹다(есть)' 활용</td></tr>
<tr><td>☑ 조격을 활용한 음식 표현</td></tr>
</table>

1) 조격을 활용한 음식 표현

с + 조격 (음식 명사)	
밥을 곁들인 고기 (덮밥류)	감자를 곁들인 고기
мя́со с ри́сом	мя́со с карто́фелем
치즈가 들어간 샌드위치	소시지가 들어간 샌드위치
бутербро́д с сы́ром	бутербро́д с колбасо́й

2) 동사 '먹다(есть)' 활용

я	ем	мы	еди́м
ты	ешь	вы	еди́те
он/она́	ест	они́	едя́т

Что ты ешь?

너는 무엇을 먹고 있니?

Я ем пиро́г с карто́фелем.

나는 감자가 들어간 파이를 먹어.

Дочь не ест ры́бу.

딸은 생선을 먹지 않는다.

Урок 28

☑ 동사 '원하다(хотéть), 마시다 (пить)' 활용
☑ 음식 표현

1) 동사 '원하다(хотéть)' 활용

я	хочý	мы	хотúм
ты	хóчешь	вы	хотúте
он/онá	хóчет	они́	хотя́т

Что вы хоти́те?

당신은 무엇을 원하나요?

Я хочý кóфе.

저는 커피를 원해요.

Студéнты хотя́т хорошó говори́ть по-рýсски.

학생들은 러시아어로 잘 말하고 싶어한다.

2) 동사 '마시다(пить)' 활용

я	пью	мы	пьём
ты	пьёшь	вы	пьёте
он/онá	пьёт	они́	пьют

Что ты пьёшь?

너는 무엇을 마시고 있니?

Я пью чай с лимóном.

나는 레몬차 마셔.

Пáпа не пьёт кóфе с сáхаром.

아빠는 설탕 들어간 커피를 마시지 않는다.

Мы хотúм пить вóду.

우리는 물 마시고 싶어요. (목말라요)

Урок 29	☑ 동사 '일하다' + 직업 표현
	☑ '~가 되고 싶다' 장래희망 표현

1) 동사 '일하다' + 직업 표현

рабóтать + 조격 (직업 명사)

- 조격의 용법으로 자격이나 신분을 나타냄
- '~로서 일하다, 종사하다' 의미

Я рабóтаю худóжником.

나는 화가로(서) 일하고 있다.

Мой отéц рабóтает писáтелем.

나의 아버지는 작가로(서) 일하신다.

Где вы рабóтаете медсестрóй?

당신은 어디에서 간호사로(서) 일하고 있나요?

2) '~가 되고 싶다' 장래희망 표현

• '~가 될 것이다(will be)' 표현   [be동사 미래형]

быть + 조격 (직업 명사)

Она́ бу́дет актри́сой.

그녀는 배우가 될 거예요.

Ду́маю, что ты бу́дешь писа́телем.

내 생각에는 너는 작가가 될 것 같아.

• '~가 되고 싶다' 표현

хоте́ть + быть + 조격 (직업 명사)

Вы хоти́те быть худо́жником?

당신은 화가가 되고 싶나요?

Нет, я хочу́ быть моде́лью.

아뇨, 저는 모델이 되고 싶어요.

 보너스 표현

상관없어! 다 좋아!
Всё равно́!

기꺼이!
С удово́льствием!

유감스럽게도, 아쉽게도, 안타깝게도
к сожале́нию

시험이 코앞이다.
Экза́мены на носу́.

공원이 엎어지면 코 닿을 거리다. (거리가 매우 가깝다.)
Парк в двух шага́х.

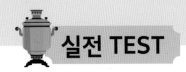

실전 TEST

1 음성을 듣고 일치하는 단어를 보기에서 고르세요.   🎧 MP3

①   Ⓐ де́вушка   Ⓑ мя́со   Ⓒ парк   Ⓓ лимо́н

②   Ⓐ ру́чка   Ⓑ тетра́дь   Ⓒ худо́жник   Ⓓ мечта́

③   Ⓐ сыр   Ⓑ са́хар   Ⓒ рис   Ⓓ и́ли

2 다음 러시아어 문장의 우리말 뜻을 적어 보세요.

① Сейча́с журнали́ст пи́шет статью́.

▶ _____

② Вы бу́дете с дру́гом там?

▶ _____

③ Дочь не ест ры́бу.

▶ _____

④ Ду́маю, что ты бу́дешь писа́телем.

▶ _____

정답 p.264

3 제시된 우리말을 참고하여 다음 대화문을 완성해 보세요.

❶

Ⓐ _____?

너 어제 저녁에 어디에 있었니?

Ⓑ _____.

나는 룸메이트랑 공원에 있었어.

❷

Cóня! Ⓐ _____?

쏘냐! 너는 방에서 뭐하고 있니?

Ⓑ _____.

나 선생님께 편지 쓰고 있어.

Ⓒ _____?

너는 연필로 쓰고 있니?

Нет, ру́чкой. Ⓓ _____.

아니, 펜으로 써. 나는 펜으로 쓰는 것을 좋아해.

연습문제 정답

Урок 01 p. 018

1. ① A: тебя́ B: Меня́
   ② A: вас B: Нас
2. ① Он ➡ Его́
   ② Что ➡ Как

Урок 02 p. 026

1. ① звони́шь
   ② звони́т
   ③ звоня́т
2. ① Мы да́рим им цветы́.
   ② Брат не звони́т мне.
   ③ Па́па чита́ет нам кни́гу.

Урок 03 p. 034

1. ① нра́вится
   ② нра́вятся
   ③ нра́вится
2. ① Мой друг звони́т учи́телю.
   ② Бори́су не нра́вится кафе́.
   ③ Почему́ вы ча́сто да́рите А́не цветы́?

Урок 04 p. 042

1. ① Мне 12(двена́дцать) лет.
   ② Ей 24(два́дцать четы́ре) го́да.
   ③ Ему́ 30(три́дцать) лет.
2. ① год ➡ лет
   ② го́да ➡ лет
   ③ Мы ➡ Нам

Урок 05 p. 050

1. ① ску́чно
   ② хо́лодно
   ③ легко́
2. ① Подру́ге ску́чно жить здесь.
   ② Сейча́с в Росси́и хо́лодно.
   ③ Ива́ну не тру́дно говори́ть по-англи́йски.

Урок 06 p. 058

1. ① ©
   ② Ⓐ
   ③ Ⓑ
2. ① 엄마는 우리에게 책을 읽어 주신다.
   ② 너의 이름은 뭐니?
   ③ 너에게 새 핸드폰이 마음에 드니?
   ④ 나는 여섯 살이다.
3. ① Ⓐ Тебе́ не тру́дно учи́ть ру́сский язы́к?
      Ⓑ Но мне нра́вится ру́сский язы́к.
   ② Ⓐ Э́то твоё семе́йное фо́то.
      Ⓑ Он молодо́й и краси́вый.
      © Ско́лько ему́ лет?
      Ⓓ Ему́ 26 лет.

Урок 07 p. 066

1. ① Как у тебя́ дела́?
   ② Норма́льно, спаси́бо!
2. ① вас
   ② неё
   ③ них
   ④ меня́

Урок 08　　　　p. 074

1. ① коне́ц сентября́

② а́дрес зда́ния

③ но́мер телефо́на

2. ① кни́га А́нны (어순과 А́нна 생격 변화)

② столи́ца Росси́и (어순)

③ назва́ние пло́щади (пло́щадь 생격 변화)

Урок 09　　　　p. 082

1. ① 긍정문: Да, у меня́ есть дом.
부정문: Нет, у меня́ нет до́ма.

② 긍정문: Да, у него́ есть жена́.
부정문: Нет, у него́ нет жены́.

③ 긍정문: Да, у неё есть соба́ка.
부정문: Нет, у неё нет соба́ки.

Урок 10　　　　p. 090

1. ① Евро́пы

② Пеки́на

③ То́кио

2. ① Он япо́нец.

② Она́ китая́нка.

③ Он ру́сский.

Урок 11　　　　p. 098

1. ① ждёшь

② ждём

③ ждут

2. ① Мы не зна́ем певи́цу.

② Учи́тель ждёт шко́льника.

③ Де́ти хорошо́ слу́шают мать.

Урок 12　　　　p. 108

1. ① Ⓑ

② Ⓓ

③ Ⓒ

2. ① 너는 시간이 있니?

② 그녀는 어떻게 지내?

③ 저는 한국에서 왔어요.

④ 너희는 나를 기다리는 거야? / 당신은 나를 기다리는 거예요?

3. ① Ⓐ У меня́ нет словаря́.

Ⓑ Наве́рно, у Анто́на есть.

② Ⓐ Что ты де́лаешь на у́лице?

Ⓑ Я жду профе́ссора.

Ⓒ Э́то но́вый профе́ссор из Аме́рики?

Ⓓ он америка́нец.

Урок 13　　　　p. 116

1. ① Моя́ мать лю́бит слу́шать му́зыку.

② Како́е у вас хо́бби?

③ Я не люблю́ тебя́.

2. ① чита́ем ➡ чита́ть

② сын ➡ сы́на

③ Что ➡ Како́е

Урок 14　　　　p. 124

1. ① бу́ду

② бу́дете

③ бу́дут

2. ① Ве́чером она́ бу́дет звони́ть Никола́ю.

② За́втра они́ бу́дут на пло́щади.

③ Послеза́втра мы бу́дем слу́шать о́перу.

Уро́к 15　　　　p. 132

1. ① в сре́ду

② во вто́рник

③ в пя́тницу

2. ① В понеде́льник я бу́ду отдыха́ть до́ма.

② В суббо́ту мы не рабо́таем.

③ Что вы де́лали в четве́рг?

Уро́к 16　　　　p. 140

1. ① весно́й

② о́сенью

2. ① хо́лодно ➡ жа́рко

② Росси́я ➡ В Росси́и

③ весна́ ➡ весну́

④ Коре́я ➡ В Коре́е

прохла́дно ➡ хо́лодно

Уро́к 17　　　　p. 148

1. ① ▶ Во ско́лько вре́мени вы слу́шаете му́зыку?

▶ Я слу́шаю му́зыку в 6 часо́в.

② ▶ Во ско́лько вре́мени вы смо́трите телеви́зор?

▶ Я смотрю́ телеви́зор в час.

③ ▶ Во ско́лько вре́мени вы ждёте Ива́на?

▶ Я жду его́ в 11 часо́в.

Уро́к 18　　　　p. 158

1. ① Ⓐ

② Ⓑ

③ Ⓓ

2. ① 나는 당신을 사랑합니다.

② 너는 내일 뭐 할 거야?

③ 일요일에 우리는 바다에서 쉴 것이다.

④ 나의 취미는 쇼핑이야.

3. ① Ⓐ Уже́ де́вять часо́в!

Ⓑ Сего́дня суббо́та.

② Ⓐ Како́е вре́мя го́да ты лю́бишь?

Ⓑ О́сенью со́лнечно и прохла́дно.

Ⓒ Ле́том я отдыха́ю на мо́ре.

Ⓓ Мне не нра́вится жара́.

Уро́к 19　　　　p. 166

1. ① иду́

② идём

③ иду́т

2. ① Мы хо́дим в университе́т.

② Де́ти иду́т на стадио́н.

③ Сын не хо́дит в библиоте́ку.

Уро́к 20　　　　p. 174

1. ① Де́ти хо́дят в шко́лу.

② Мы е́дем на пло́щадь.

❸ Лю́ди иду́т в музе́й.

❹ Ле́том я е́зжу на мо́ре.

2. ❶ на ➡ в

❷ е́дут ➡ е́здят

Уро́к 21   p. 182

1. ❶ идёшь

❷ хожу́

❸ е́здите

2. ❶ в бассе́йн на авто́бусе

❷ в университе́т на метро́

❸ на мо́ре на по́езде

Уро́к 22   p. 190

1. ❶ домо́й

❷ здесь

❸ туда́

2. ❶ Вчера́ они́ е́здили на о́стров.

❷ Вчера́ мы ходи́ли в больни́цу.

❸ Вчера́ она́ е́здила в рестора́н.

Уро́к 23   p. 198

1. ❶ Сейча́с ты е́дешь к учи́телю?

❷ Я е́зжу на рабо́ту на метро́.

❸ Почему́ Ка́тя идёт к нему́?

2. ❶ в ➡ на

❷ на ма́му ➡ к ма́ме

❸ в рабо́та ➡ на рабо́ту

Уро́к 24   p. 208

1. ❶ Ⓒ

❷ Ⓑ

❸ Ⓓ

2. ❶ 우리는 지금 광장으로 가고 있다.

❷ 사업가들은 가끔 미국에 간다.

❸ 우리는 버스를 타고 학교에 다닌다.

❹ 나는 친구(남)에게 걸어 가고 있다.

3. ❶ Ⓐ Ты в по́езде?

　　Ⓑ Обы́чно я е́зжу в Сеу́л на по́езде.

❷ Ⓐ Где ма́ма?

　　Ⓑ она́ е́дет в универма́г.

　　Ⓒ Почему́ она́ е́дет туда́?

　　Ⓓ Она́ лю́бит е́здить туда́.

Уро́к 25   p. 216

1. ❶ пишу́

❷ пи́шешь

❸ пи́шут

2. ❶ ру́чкой

❷ перо́м

❸ карандашо́м

Уро́к 26   p. 224

1. ❶ Ты бу́дешь до́ма с на́ми?

❷ Я не люблю́ рабо́тать с Серге́ем.

❸ Де́вушка ча́сто гуля́ет с соба́кой.

❹ Роди́тели бы́ли со мно́й на у́лице.

2. ❶ ем

❷ ью

Урок 27　p. 232

1. ① мя́со с карто́фелем

   ② бутербро́д с колбасо́й

   ③ мя́со с ри́сом

2. ① ею ➡ ем

   ② ет ➡ ест

   ③ едете ➡ еди́те

Урок 28　p. 240

1. ① едя́т

   ② хо́чет

   ③ пьём

2. ① Ты хо́чешь бутербро́д с сы́ром?

   ② Коре́йцы ча́сто пьют ко́фе.

   ③ Почему́ вы хоти́те рабо́тать в Москве́?

Урок 29　p. 248

1. ① Моя́ подру́га рабо́тает журнали́сткой.

   ② Ра́ньше Ива́н хоте́л быть писа́телем.

   ③ Моя́ дочь бу́дет врачо́м.

   ④ Когда́ Ма́ша рабо́тала моде́лью?

2. ① бу́ду ➡ быть

   ② учи́тель ➡ учи́телем

Урок 30　p. 258

1. ① ©

   ② Ⓐ

   ③ Ⓓ

2. ① 기자는 지금 기사를 쓰고 있다.

   ② 당신은 거기에서 친구랑 있을 건가요? / 너희는 거기에서 친구와 있을 거니?

   ③ 딸은 생선을 먹지 않는다.

   ④ 내 생각에는 너는 작가가 될 것 같아.

3. ① Ⓐ Где ты была́ вчера́ ве́чером?

      Ⓑ Я была́ в па́рке с сосе́дкой.

   ② Ⓐ Что ты де́лаешь в ко́мнате?

      Ⓑ Я пишу́ письмо́ учи́телю.

      © Ты пи́шешь карандашо́м?

      Ⓓ Я люблю́ писа́ть ру́чкой.

쉬어가기 Quiz 정답

Урок 02 — p. 027

б	у	г	г	л	ш	р	ё	д	н
о	ё	д	ó	е	ж	а	й	т	у
л	ц	г	р	я́	б	к	é	д	р
ь	в	р	о	д	й	т	е	л	и
н	е	э	д	е	х	ó	д	ф	у
й	т	ж	г	р	ё	б	у	к	д
ц	ы	б	у	é	щ	ф	х	а	ó
а	к	с	ы	в	м	е	й	е	б
ю	т	ж	ё	н	ш	з	о	щ	ё
й	ь	щ	с	я	п	ж	ю	ё	о

1. 병원 — больни́ца
2. 편하다 — удо́бно
3. 꽃 — цветы́
4. 부모님 — роди́тели
5. 도시 — го́род
6. 시골, 농촌 — дере́вня
7. 향수 — духи́
8. 아직, 또한 — ещё

Урок 08 — p. 075

ч	д	в	к	ó	м	н	а	т	а
м	é	н	ж	ó	ы	щ	ш	л	р
ч	д	о	у	н	ф	ы	а	н	ч
ы	р	р	д	б	з	щ	ю	е	ó
б	ю	м	т	ó	ч	н	о	п	д
щ	у	á	ó	ё	ч	у	з	л	é
к	ч	л	ф	а	с	д	в	ó	л
á	й	ь	л	е	г	к	ó	х	о
л	т	н	ш	з	ц	ю	д	о	й
н	ь	о	ж	т	е	п	л	ó	н

1. 정확히 — то́чно
2. 배우다 — учи́ть
3. 쉽다, 가볍다 — легко́
4. 괜찮다, 보통이다 — норма́льно
5. 방 — ко́мната
6. 따뜻하다 — тепло́
7. 일, 업무 — де́ло
8. 나쁘지 않다 — непло́хо

Урок 04 — p. 043

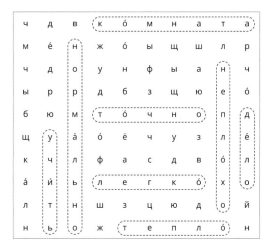

(Crossword)
❶ м о л д é й с т к — ❶ м у ж
❷ г л о д й — ск о́ л ь к о
❸ п р е р р — с к á з к а
❹ с к о́ л ь к о
❺ ч с с ы
❻ м у ж
❼ с к á з к а
❽ г о д

Урок 10 — p. 091

(Crossword)
❶ н
❷ п л а н
з
❸ м
❹ л
❺ Е в р ó п а
ш
❻ с
á
й
е
н
❼ Á з и я
❽ н ó м е р
е а ь а
я т
ý
р
а

Урок 14 — p. 125

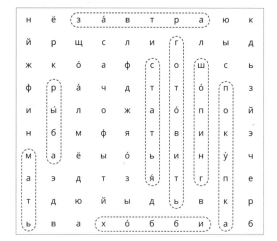

```
н  ё  з  а́ в  т  р  а  ю  к
й  р  щ  с  л  и  г  л  ы  д
ж  к  о́ а  ф  с  о  ш  с  ь
ф  р  а́ ч  д  т  т  о́ п  з
и  ы  л  о  ж  а  о́ п  о  й
н  б  м  ф  я  т  в  и  к  э
м  а  ё  ы  о́ ь  и  н  у́ ч
а  э  д  т  з  я́ т  у  п  е
т  д  ю  й  ы  д  ь  в  к  р
ь  в  а  х  о́ б  б  и  а  б
```

1. 어머니 — мать
2. 쇼핑 — шо́пинг
3. 취미 — хо́бби
4. (신문) 기사 — статья́
5. 생선 — ры́ба
6. 구매 — поку́пка
7. 내일 — за́втра
8. 요리하다, 준비하다 — гото́вить

Урок 20 — p. 175

```
ф  е́ ш  ф  ч  п  а  й  ы  ё
о  а  э  р  о  п  о́ р  т  щ
в  н  с  к  о́ р  о  ь  ш  з
с  о́ а́ г  ю  н  у́ ф  с  е
т  д  ж  ч  у  б  т  м  р  у
а  у  н  и  в  е  р  м  а́ г
в  р  ю  н  в  й  о  ж  н  ф
а́ у  ы  з  ф  к  х  а  о  ы
т  б  и  з  н  е  с  м  е́ н
ь  л  б  а  с  с  е́ й  н  к
```

1. 아침 — у́тро
2. 일어나다 — встава́ть
3. 곧 — ско́ро
4. 사업가 — бизнесме́н
5. 일찍 — ра́но
6. 수영장 — бассе́йн
7. 공항 — аэропо́рт
8. 백화점 — универма́г

Урок 16 — p. 141

```
        ❶в  е  ❷с  н  а́
                е        ❸о
        ❹г  у  ❺л  я  т  ь
            о́     е́        д
            д     т         ы
❻р  о  м  а́ н     о         х
            я     о         а́
            ❼ф  у  т  б  ❽о́ л
                        ь     с
                              е
                              н
                              ь
```

Урок 22 — p. 191

```
                        ❶п
                        о́     ❷р
                        е     ы́
            ❸м  ❹а  г  а  з  и́  н
                    в        д     о
                    т        к
❺м  е  т  р  о́  ❻с
                    б   ❼т  а  к  с  и́
                    у       а́
                ❽о́  с  т  р  о  в
                    ы
                    й
```

Урок 26   p. 225

```
р  ф  с  о  с  е́  д  к  а  п
а  ё  г  ю  ь  у́  ф  ц  л  а  р
б  т  ц  ы  ж  п  ы  б  й  р
о́  п  б  а  п  ё  ш  д  н  к
т  и  д  с  в  м  е́  с  т  е
а  с  п  е  к  т  а́  к  л  ь
й  ь  р  щ  с  т  а  т  ь  я́
х  м  ж  ё  д  к  б  а́  ю  ч
ы  о́  й  а  л  м  д  э  ы  в
э  б  ю  ф  в  к  у́  с  н  о
```

1. 직장(일터)　　　　　рабо́та

2. 맛있다, 맛있게　　　вку́сно

3. 기사　　　　　　　статья́

4. 공원　　　　　　　парк

5. 공연, 연극　　　　спекта́кль

6. 편지　　　　　　　письмо́

7. 함께　　　　　　　вме́сте

8. (여자) 이웃, 룸메이트　сосе́дка

Урок 28   p. 241

```
            ❶б
   ❷х  у   д   о́  ж  н  и  ❸к
        т                  а
   ❹м  е   ч   т  а́        р
        р                  т
        б                  о́
❺с  и   р   о́  п            ф
        о́                  е
❻❻м о   д   е́  л  ь          л
 я                          ь
 с
   ❼в  о   д   а́
```